改訂新版

# まるごと授業 算数 4年(下)

## 喜楽研の QRコードつき授業シリーズ

### 板書と授業展開がよくわかる

企画・編集：原田 善造・新川 雄也

わかる喜び学ぶ楽しさを創造する教育研究所　略称 喜楽研

# はじめに

　「子どもたちが楽しく学習ができた」「子どもたちのわかったという表情が嬉しかった」という声をこれまでにたくさんいただいております。喜楽研の「まるごと授業算数」を日々の授業に役立てていただき誠にありがとうございます。今回は，それを一層使いやすくなるように考え，2024 年度新教科書にあわせて「喜楽研の QR コードつき授業シリーズ改訂新版　板書と授業展開がよくわかる まるごと授業算数 1 年～ 6 年」(上下巻計 12 冊 )を発行することにいたしました。

　今回の本書の特徴は，まず，ICT の活用で学習内容を豊かにできるということです。QR コードから各授業で利用できる豊富な資料を簡単にアクセスすることができます。学習意欲を高めたり，理解を深めたりすることに役立つ動画や画像，子どもたちの学習を支援するワークシートや，学習の定着に役立つふりかえりシートも整えております。また，授業準備に役立つ板書用のイラストや図も含まれています。

　次に，本書では，どの子もわかる楽しい授業になることを考えて各単元を構成しています。まず，全学年を通して実体験や手を使った操作活動を取り入れた学習過程を重視しています。子ども一人ひとりが理解できるまで操作活動に取り組み，相互に関わり合うことで，協働的な学びも成り立つと考えます。具体物を使った操作活動は，それを抽象化した図や表に発展します。図や表に表すことで学習内容が目で見えるようになりイメージしやすくなります。また，ゲームやクイズを取り入れた学習活動も満載です。紙芝居を使った授業プランもあります。それらは，子どもたちが楽しく学習に入っていけるように，そして，協働的な学びの中で学習内容が習熟できるような内容になっています。全国の地道に算数の授業づくりをしておられる先生方の情報を参考にしながらまとめ上げた内容になっています。

　学校現場は，長時間勤務と多忙化に加えて，画一的な管理も一層厳しくなっていると聞きます。新型コロナ感染症の流行もありました。デジタル端末を使用することで学び方も大きく影響されてきています。そんな状況にあっても，未来を担う子どもたちのために，楽しくてわかる授業がしたいと，日々奮闘されている先生方がおられます。また，新たに教員になり，子どもたちと楽しい算数の授業をしてともに成長していきたいと願っている先生方もおられます。本書を刊行するにあたり，そのような先生方に敬意の念とエールを送るとともに，楽しくわかる授業を作り出していく参考としてお役に立ち，「楽しくわかる授業」を作り出していく輪が広がっていくことを心から願っています。

2024 年 3 月

# 本書の特色

## すべての単元・すべての授業の指導の流れがわかる

　学習する全単元・全授業の進め方を掲載しています。学級での日々の授業や参観日の授業，研究授業や指導計画作成等の参考にしていただけます。

　各単元の練習問題やテストの時間も必要なため，本書の各単元の授業時数は，教科書より少ない配当時数にしています。

## 1時間の展開例や板書例を見開き2ページでわかりやすく説明

　実際の板書をイメージできるように，板書例を2色刷りで大きく掲載しています。また，細かい指導の流れについては，3〜4の展開に分けて詳しく説明しています。どのように発問や指示をすればよいかが具体的にわかります。先生方の発問や指示の参考にしてください。

## QRコンテンツの利用で，わかりやすく楽しい授業，きれいな板書づくりができる

　各授業展開ページのQRコードに，それぞれの授業で活用できる画像やイラスト，ワークシートなどのQRコンテンツを収録しています。印刷して配布するか，タブレットなどのデジタル端末に配信することで，より楽しくわかりやすい授業づくりをサポートします。画像やイラストは大きく掲示すれば，きれいな板書づくりにも役立ちます。

　ベテラン教師によるポイント解説や教具の紹介なども収録していますので参考にしてください。

## ICT活用のアイデアも掲載

　それぞれの授業展開に応じて，電子黒板やデジタル端末などのICT機器の活用例を掲載しています。子ども自身や学校やクラスの実態にあわせてICT活用実践の参考にしてください。

# 4年（下）目　次

**QRコンテンツについて**

授業内容を充実させるコンテンツを多数ご
用意しました。右のQRコードを読み取る
か下記URLよりご利用ください。

URL: https://d-kiraku.com/4743/4743index.html
ユーザー名：kirakuken
パスワード：SDrt9E

※ 各授業ページのQRコードからも，それぞれの時間で活用できる
　 QRコンテンツを読み取ることができます。
※ 上記URLは，学習指導要領の次回改訂が実施されるまで有効です。

## がい数の表し方

## 計算のきまり

## 垂直・並行と四角形

## 分数

# 本書の使い方

◆ **板書例**

時間ごとに表題（めあて）を記載し，1～4の展開に合わせて，およそ黒板を4つに分けて記載しています。（展開に合わせて❶～❹の番号を振っています）大切な箇所や「まとめ」は赤字や赤の枠を使用しています。ブロック操作など，実際は操作や作業などの活動もわかりやすいように記載しています。

◆ **目標**

1時間の学習を通して，児童に身につけてほしい具体的目標を記載しています。

◆ **POINT**

時間ごとの授業のポイントやコツ，教師が身につけておきたいスキル等を記載しています。

◆ **授業の展開**

① 1時間の授業の中身を3～4コマの場面に切り分け，およその授業内容を記載しています。

② Tは教師の発問等，Cは児童の発言や反応を記載しています。

③ 枠の中に，教師や児童の顔イラスト，吹き出し，説明図等を使って，授業の進め方をイメージしやすいように記載しています。

---

第❶時
切り捨て

本時の目標：切り捨てて概数にする意味を理解し，切り捨てて概数にすることができる。

板書例

## 紙しばいで考えよう

❶
- ⑦ えん筆の代金は 100 円です。
- ④ 音楽発表会に 100 人くらい集まりました。
- ⑦ おばあさんは今年 100 才になります。
- ④ 公園でおよそ 100 このどんぐりをひろいました。

❷ 〈紙しばい「よくばりな船会社」〉

わたし船は10人にならないかぎり出しません。あしからず!! 船会社

- ① 33 人 → 30 人乗り　3 人乗れない
- ② 49 人 → 40 人乗り　9 人乗れない
- ③ 8 人 →船は出ない

(POINT) 紙芝居「よくばりな船会社」を使って，「切り捨て」を楽しく分かりやすく学習します。

**1** どんなときにおよその数を使うか，⑦～④から選びましょう。

- ⑦ 鉛筆の代金は 100 円です。
- ④ 音楽発表会に 100 人ぐらい集まりました。
- ⑦ おばあさんは今年 100 才になります。
- ④ 公園でおよそ 100 個のどんぐりを拾いました。

⑦と⑦は「きっちりした数」です
④と④は，正確な数ではなくおよその数だね

T およその数のことを概数といいます。約 100 人や約 100 個など，約をつけて数を表します。

日常生活でほかにも概数を使っている場面を探してみる。

**2** 紙芝居「よくばりな船会社」を聞こう

紙芝居「よくばりな船会社」のプロローグを読み，地理状況を正確に捉えさせたい。現実にこのような土地があり，現在では橋がかけられて渡し船がなくなりつつあることを説明しておく。

（お話②と③の途中まで）を読む。

看板に書かれていることはどういう意味でしょう

「10 人にならないと」だから，お客が 1 人～9 人では船を出さないということです

お客が 25 人だと，20 乗りの船は出るけど，5 人は乗れないということだと思います

お話③の続きを読む。

14

## ◆ 準備物

1時間の授業で使用する準備物を記載しています。準備物の数量は，児童の人数やグループ数などでも異なってきますので，確認して準備してください。

**QR** は，QRコードから使用できます。

## ◆ ICT

各授業案のICT活用例を記載しています。

| 準備物 | **QR** ワークシート<br>**QR** 紙芝居「よくばりな船会社」<br>**QR** ふりかえりシート |
|---|---|

| I C T | ワークシートのデータを配信すると，考えを記入・入力して，共有機能を使って全体共有しやすくなり，対話的に概数の意味や直し方に迫ることができる。 |  |
|---|---|---|

## ◆ QR コード

1時間の授業で使用するQRコンテンツを読み取ることができます。

印刷して配布するか，児童のタブレットなどに配信してご利用ください。

（QRコンテンツの内容については，本書p8, 9で詳しく紹介しています）

※ QRコンテンツがない時間には，QRコードは記載されていません。
※ QRコンテンツを読み取る際には，パスワードが必要です。パスワードは本書p4に記載されています。

---

**3**

① 33人 → 30人
② 49人 → 40人
③ 8人 → 0人

切り捨てて十の位までの
がい数にする

**4**

切り捨てて百の位までの
がい数にする

① 520 → 500

② 875 → 800

まとめ | 10にたりないはしたの数（1〜9）を0とみるような方法を 切り捨て といいます。

---

### 3 「切り捨て」の場面を理解しよう

T 看板の『10人にならないかぎり出しません』の意味では，お客が ① 33人 ② 49人 ③ 8人の場合，それぞれ何人乗りの船が来て，何人が取り残されることになる考えましょう。

T もし，あなたがこの8人のお客だったらどう思いますか。
C ぼくだったら怒りそうです。
C 私も納得いかないです。8人もいるんだから。

### 4 切り捨てて概数にしてみよう

T このお話の船会社のように，10人に足りないしたの数を0とみることを『切り捨て』といいます。
　① 33人→30人とみる
　② 49人→40人とみる　③ 8人→0人とみる
T このことを「切り捨てて十の位までの概数にする」といいます。

T お話の続きはまた次の時間にします。お楽しみに。
　学習のまとめをする。
　ふりかえりシートが活用できる

# QR コンテンツの利用で
# 楽しい授業・わかる授業ができる

## 見てわかる・理解が深まる動画や画像

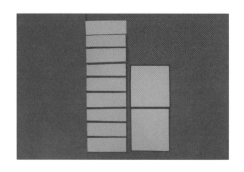

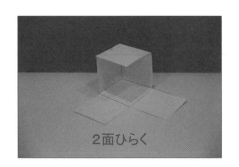

2面ひらく

文章や口頭では説明の難しい内容は，映像を見せることでわかりやすく説明できます。視覚に訴えかけることで，児童の理解を深めると同時に，児童が興味を持って授業に取り組めます。

※ 動画には音声が含まれていないものもあります。

## 授業のポイント解説や簡単で便利な教具などを紹介

各学年でポイントとなる単元の解説や簡単に作れる教具を使った授業など，算数のベテラン教師による動画が視聴できます。楽しいだけでなく，どの子も「わかる」授業ができるような工夫が詰め込まれています。

## 授業で使える「ふりかえりシート」「ワークシート」

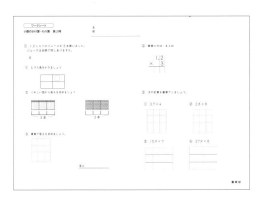 

　授業の展開で使える「ワークシート」や，授業のまとめや宿題として使える「ふりかえりシート」などを収録しています。

　クラスの実態や授業内容に応じて，印刷して配布するか，児童のタブレットなどに配信してご利用ください。

## 板書作りにも役立つ「イラストや図・表」
## 楽しいわかりやすい授業作りができる「紙芝居」など

　イラストや図・表は，黒板上での操作がしやすく，きれいな板書作りに役立ちます。また，児童に配信することで，タブレット上で大きくはっきりと見ることもできます。

　「紙芝居」は授業の導入に使用することで，子どもたちの興味をひきつけ，学習理解の手助けになります。

※ QRコンテンツを読み取る際には，パスワードが必要です。パスワードは本書 p4 に記載されています。

# 文章題の解き方　提案

提案者：原田善造

## なぜ，かけ算・わり算4マス表が必要になったのか

5年生を担任していたとき，次のような文章題でたくさんの子どもたちが誤答でした。

> 0.6 mが0.3kgのはり金があります。このはり金1mの重さは何kgですか。

0.6 × 0.3や，0.3 × 0.6と立式した子どもと，わからないと答えた子どもが約3割，

0.6 ÷ 0.3と立式した子どもが約5割いました。

なんと8割もの子どもたちが誤答だったのです。

ショックを受けた私は，日夜考え，次のような文章題の解き方を子どもたちに提案しました。

## 文章題をかけ算・わり算4マス表に整理する

上記の文章題を対応表（かけ算・わり算4マス表）に整理すると，次のようになります。

（※対応表とも名づけたのは，はり金の長さとその重さが対応している表だからです。）

## かけ算・わり算4マス表に整理したあと，簡単な整数におきかえて立式を考える

| ?kg | 6kg |
|---|---|
| 1 m | 3 m |

□ × 3 = 6 …かけ算で立式…　□ × 0.6 = 0.3

6 ÷ 3 = 2 …わり算で立式…　0.3 ÷ 0.6 = 0.5

| ?kg | 0.3 kg |
|---|---|
| 1 m | 0.6 m |

答え　2kg　　　　　　　　答え　0.5kg

# 「かけ算・わり算 4 マス表」と「かけ・わり図」で むずかしい文章題の壁を突破しよう

## かけ・わり図（かけ算・わり算の図）で量の大きさを！

4マス対応表はとても便利で立式もでき，答えも求められますが，$0.3 \div 0.6 = 0.5$ の量の関係がわかりにくいので，かけ・わり図をかきます。

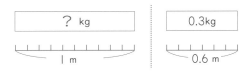

0.6 mで 0.3kg ですから，1 mでは，0.3kg より重くなることがわかります。

## かけ算・わり算 4 マス表で整理すると，3 つのパターンになる

① かけ算

1 mが 0.4 kg のはり金があります。

このはり金 0.5 mの重さは何 kg ですか。

| 0.4 kg | ? kg |
|--------|------|
| 1 m | 0.5 m |

$0.4 \times 0.5 = 0.2$

答え 0.2 kg

② 1 mあたりの重さを求めるわり算

0.5 mが 0.2 kg のはり金があります。

このはり金 1 mの重さは何 kg ですか。

| ? kg | 0.2 kg |
|------|--------|
| 1 m | 0.5 m |

$\square \times 0.5 = 0.2$
$0.2 \div 0.5 = 0.4$

答え 0.4 kg

③ はり金の長さ（いくら分）を求めるわり算

1 mが 0.4 kg のはり金があります。

このはり金 0.2 kg の長さは何mですか。

| 0.4 kg | 0.2 kg |
|--------|--------|
| 1 m | ? m |

$0.4 \times \square = 0.2$
$0.2 \div 0.4 = 0.5$

答え 0.5 m

## かけ算・わり算 4 マス表で整理すると，3 つのパターンになる

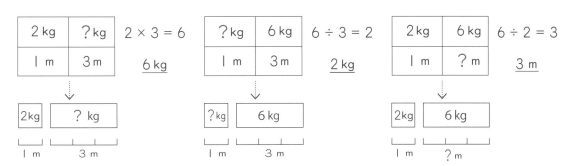

# がい数の表し方

## ◎ 学習にあたって ◎

### <この単元で大切にしたいこと>

　　この単元は，数をおよそで見なして，考えたり，概算したりすることを学ぶ単元です。数をおよそで表すことは日常生活の中で普通にあることですが，算数の対象となると子どもは戸惑いを見せます。なぜなら算数でこれまで扱ったのははっきりとした数量であり，およそでいいという感覚がないためです。

　　そのため，概数の学習では数量をおよそで捉える社会的な習慣や取り決めに目を向けさせ，どういった理由でそういった取り決めが必要になったのかを理解する必要があります。そういった理解の上に立って概数の表し方を使い，様々な数量の概数化の方法を捉えさせることを目標にします。

### <数学的見方考え方と操作活動>

　　数学的にはデータの統計処理に関わる領域で，データの近似値とその範囲を問題にしますが，小学校ではデータ処理方法を学びます。処理方法としては「切り捨て」「切り上げ」「四捨五入」があり，主として四捨五入が学習対象になります。また，そういった処理方法が社会的に使われていることから，本単元では「よくばりな船会社」という物語を使います。この物語の中に切り捨て，切り上げの場面を用意し，それぞれの処理方法の欠点を子どもたちに考えさせ，どうやれば欠点を緩和できるのかという視点を与え，四捨五入の方法を理解させるようにしています。

### <個別最適な学び・協働的な学びのために>

　　物語を使った授業を子どもたちは好み，物語にはまり込んで数量に関わる問題を真剣に考えてくれます。また，考える中で自分なりの判断を持ち，「こうなるに違いない」とか「こうした方がいい」という考えを出し合い，友だちと語り合ったり，みんなの前で発表したりします。ただし，そのためには物語の筋立てや，考えさせるポイント・説明するポイントなどが適切である必要があります。「よくばりな船会社」の話は活発な学習になる事を目標に作られています。

## ◎ 評 価 ◎

| 知識および技能 | 概数の意味や表し方，概数の範囲について理解し，目的に応じて適切な概数を使って表すことができる。 |
|---|---|
| 思考力，判断力，表現力等 | 目的に応じた適切な概数の使い方を考え，そのよさや特徴に触れながら説明している。 |
| 主体的に学習に取り組む態度 | 概数に関心をもち，進んでその表し方や使い方を調べようとしている。 |

## ◎ 指導計画　8時間 ◎

| 時 | 題 | 目　標 |
|---|---|---|
| 1 | 切り捨て | 切り捨てて概数にする意味を理解し，切り捨てて概数にすることができる。 |
| 2 | 切り上げ | 切り上げて概数にする意味を理解し，切り上げて概数にすることができる。 |
| 3 | 四捨五入の考え方 | 四捨五入の意味とその方法を理解する。 |
| 4 | 四捨五入で概数に表す | 四捨五入して○の位までの概数にする仕方がわかり，概数にすることができる。 |
| 5 | いろいろな概数の表し方 | 何の位までの概数になっているかわかる。四捨五入して上から○桁の概数にする方法がわかり，できるようになる。 |
| 6 | 概数の範囲 | 四捨五入して概数にする前のもとの数の範囲や，「以上」「以下」「未満」の意味がわかる。 |
| 7 | 概算（和・差） | 概数を用いて和や差の見積もりの仕方を理解し，概算ができるようになる。 |
| 8 | 概算（積・商） | 概数を用いて積や商の見積もりの仕方を理解し，概算ができるようになる。 |

## 紙しばいで考えよう

板書例

**1**

> ㋐ えん筆の代金は <u>100</u> 円です。
> ㋑ 音楽発表会に <u>100</u> 人くらい集まりました。
> ㋒ おばあさんは今年 <u>100</u> 才になります。
> ㋓ 公園でおよそ <u>100</u> このどんぐりをひろいました。

**2** 〈紙しばい「よくばりな船会社」〉

> ① 33 人 → 30 人乗り　3 人乗れない
>
> ② 49 人 → 40 人乗り　9 人乗れない
>
> ③ 8 人 →船は出ない

POINT 紙芝居「よくばりな船会社」を使って，「切り捨て」を楽しく分かりやすく学習します。

**1** どんなときにおよその数を使うか，㋐～㋓から選びましょう。

㋐ 鉛筆の代金は 100 円です。
㋑ 音楽発表会に 100 人ぐらい集まりました。
㋒ おばあさんは今年で 100 才になります。
㋓ 公園でおよそ 100 個のどんぐりを拾いました。

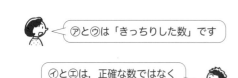

> ㋐と㋒は「きっちりした数」です

> ㋑と㋓は，正確な数ではなくおよその数だね

T およその数のことを概数といいます。約 100 人や約 100 個など，約をつけて数を表します。

日常生活でほかにも概数を使っている場面を探してみる。

**2** 紙芝居「よくばりな船会社」を聞こう

紙芝居「よくばりな船会社」のプロローグを読み，地理状況を正確に捉えさせたい。現実にこのような土地があり，現在では橋がかけられて渡し船がなくなりつつあることを説明しておく。

（お話②と③の途中まで）を読む。

> 看板に書かれていることはどういう意味でしょう

> 「10 人にならないと」だから，お客が 1 人～9 人では船を出さないということです

> お客が 25 人だと，20 人乗りの船は出るけど，5 人は乗れないということだと思います

お話③の続きを読む。

| 準備物 | | I C T | |
|---|---|---|---|

準備物
- QR ワークシート
- QR 紙芝居「よくばりな船会社」
- QR ふりかえりシート

ICT ワークシートのデータを配信すると，考えを記入・入力して，共有機能を使って全体共有しやすくなり，対話的に概数の意味や直し方に迫ることができる。

---

**3**

① 33人 → 30人
② 49人 → 40人
③ 8人 → 0人

切り捨てて十の位までの
がい数にする

**4**

切り捨てて百の位までの
がい数にする

① 520 → 500

② 875 → 800

**まとめ** 10にたりないはしたの数（1～9）を0とみるような方法を **切り捨て**（き す） といいます。

---

## 3 「切り捨て」の場面を理解しよう

T 看板の『10人にならないかぎり出しません』の意味では，お客が ①33人 ②49人 ③8人の場合，それぞれ何人乗りの船が来て，何人が取り残されることになる考えましょう。

33人だと，30人乗りの船が来て，3人が取り残される

8人だと，10人にならないから船は出ないんてかわいそう。

49人だと，40人乗りの船が来て40人は乗れるけど9人は取り残されるということだ

T もし，あなたがこの8人のお客だったらどう思いますか。
C ぼくだったら怒りそうです。
C 私も納得いかないです。8人もいるんだから。

## 4 切り捨てて概数にしてみよう

T このお話の船会社のように，10人に足りないはしたの数を0とみることを『切り捨て』といいます。
　① 33人→30人とみる
　② 49人→40人とみる ③ 8人→0人とみる
T このことを「切り捨てて十の位までの概数にする」といいます。

① 520 ② 875を切り捨てて百の位までの概数にしてみましょう

①は20を切り捨てて500
②は75を切り捨てて800だ

100に足りないはしたの数を0とみたらいいね

T お話の続きはまた次の時間にします。お楽しみに。
　学習のまとめをする。
　ふりかえりシートが活用できる

板書例

# 全員が乗れる船は何人乗りの船だろう

**1**

**2**

① 19人 → 20人乗り
② 21人 → 30人乗り
③ 1人 → 10人乗り

**3**

① 19人 → 20人
② 21人 → 30人
③ 1人 → 10人

切り上げて十の位までのがい数にする

POINT 紙芝居の続きを使って，今度は「切り上げ」の場面をわかりやすく楽しく考えます。うまく解決できたと思ったら，また更

## 1 「切り捨て」をふり返ろう

T 「よくばりな船会社」では，お客が ①32人 ② 29人のとき何人乗りの船が来て，何人が取り残されましたか。

C 32人だと，30人乗りの船で，2人取り残されます。

C 29人だと，20人乗りの船で，9人取り残されます。

10人にたりない人数は0とみるんだったね

① 32 → 30
② 29 → 20

お話④を読む。

C やっぱりみんな怒っているよね。

C 船会社はどうするのかな。

## 2 お客全員が乗れる船は何人乗りか考えよう

お話⑤を読む。

C 全員が乗れるように大きい船を出すんだね。

C これでみんな船に乗ることができるよ。

お客が ①19人 ②21人だとそれぞれ何人乗りの船を出したらいいですか

19人全員が乗るためには20人乗りの船が必要です

21人全員が乗るには…，20人乗りの次は30人乗りしかないから30人乗りの船が必要です

C お客が1人だったら10人乗りの船が出るということだよね。

C お客は喜ぶけど船会社は大変だね。

---

まとめ　10人にたりないはしたの数（1〜9）を10とみるような方法を **切り上げ** といいます。

〈切り捨てと切り上げ〉

「切り捨て」「切り上げ」

10 ← 19 → 20
20 ← 21 → 30

4 ＜切り上げて千の位までの
　　がい数にしよう＞

① 5680 → 6000

② 1150 → 2000

〈船会社はどうなるだろう〉

続く

---

なる問題が起こります。

## 3 「切り上げ」と「切り捨て」の2つの方法を比べよう

T このように10人に足りないはしたの数を10とみることを「切り上げ」といいます。そして,このことを「切り上げて十の位までの概数にする」といいます。

学習のまとめをする。

C 「切り捨て」は10に足りないはしたの数を0とみて,「切り上げ」は10とみるんだね。

 ①19 ②21 を「切り捨て」と「切り上げ」で十の位までの概数にして,比べてみましょう

切り捨て　　　切り上げ
10 ← 19 → 20
20 ← 21 → 30

## 4 切り上げて千の位までの概数にしよう

T ① 5680 ② 1150 を切り上げて,千の位までの概数にしましょう。

 1000人乗り,2000人乗り,3000人乗り,…の船しかないと考えたらいいですね

 1000に足らない680を1000とみたらいいね。①の5680は,6000です

② の1150は,150を1000とみるから2000です

T 船会社はどうなるか想像してみましょう。
C 1人のお客に10人乗りの船を出していたら,会社は儲けにならなから,つぶれてしまうのでは。

次時につなげていく。
ふりかえりシートが活用できる。

# 紙しばいの続きで考えよう

1

**船会社とお客の話し合い**

| | |
|---|---|
| 0 人 | 船は出ない |
| 1 人 | 出ない |
| 2 人 | 出ない |
| 3 人 | 出ない |
| 4 人 | 出ない |
| 5 人 | 船は出る |
| 6 人 | 出る |
| 7 人 | 出る |
| 8 人 | 出る |
| 9 人 | 出る |

・1 人〜4 人 出ない　→　切り捨て
・5 人〜9 人 出る　　→　切り上げ

2　何人乗りの船が出るか考えよう

① 　17 人 → 　20 人乗り
② 　21 人 → 　20 人乗り
③ 　44 人 → 　40 人乗り
④ 　55 人 → 　60 人乗り
⑤ 　98 人 → 100 人乗り
⑥ 116 人 → 120 人乗り

板書例

POINT　教科書では，はっきりしない数値を概数で表す方法として四捨五入を扱いますが，本書では船会社と乗客の話し合いの結果

 船が出るのは何人のときかまとめよう

　お話⑥と⑦の看板まで読む。

C　やっぱり船会社は儲からなかったね。

C　もうやめてしまうのかな。

　⑦の続きを読む。

> 町の人たちとの話し合いでどんなきまりになりましたか
>
> 5 人より多い人数だと船を出してもらえることになりました
>
> 4 人までだと船は出ません

C　5 人〜9 人だと 10 人乗りの船が出ます。

C　1 人〜4 人だと 10 人乗りの船は出ません。

C　船会社も町の人たちもお互い納得だね。

 次の数だと何人乗りの船が出ますか

T　船会社の船は，10 人乗り，20 人乗り，30 人乗り，
　…150 人乗りまであります。
　　① 17 人 ② 21 人 ③ 44 人 ④ 55 人
　　⑤ 98 人 ⑥ 116 人

> 17 人は，はしたの人数が 7 だから，20 人乗りの船が出ます
>
> 44 人は，はしたの人数が 4 だから，出る船は 40 人乗りで，4 人は乗れないよ

①〜⑥は，何人乗りの船が出るかを確かめる。

C　十の位までの概数にするのに，はんぱな数を
　切り上げたり，切り捨てたりするんだね。

C　一の位の数で，切り上げるか切り捨てるかを決め
　たらいいね。

**2** まとめ

十の位までのがい数で表すとき，
一の位の数が 0 から 4 のときは切り捨て，
5 から 9 のときは切り上げをする方法を
四捨五入（ししゃごにゅう） といいます。

**4** 〈十の位を四捨五入して百の位までのがい数にしよう〉

① 2354 　　　　　→ 2400

　　5 なので切り上げ

② 2302 　　　　　→ 2300

　　0 なので切り捨て

---

として見つけ出した方法として四捨五入を提示します。物語を通すことで理解しやすくなります。

## 3 四捨五入についてまとめよう

お話⑧を読む。

T 話し合いで決まった方法は，はんぱが何人だったら乗れなくて，はんぱが何人だったら乗れましたか。

 0人〜4人だと乗れなくて，5人〜9人だと乗れます

このように，十の位までの概数で表すとき，一の位の数字が0から4のときは切り捨て，5から9のときは切り上げをする方法を四捨五入といいます

C 概数にする方法として「切り上げ」「切り捨て」「四捨五入」があるんだね。

お話⑨を読む。
学習のまとめをする。

## 4 次の数の十の位を四捨五入して百の位までの概数にしましょう

① 2354 ② 2302

C 百の位までだから，2100人乗り，2200人乗り，2300人乗り，…というように何百人単位の船があると考えたらいいね。

C 2300人乗りか2400人乗りかで考えたらいいね。

| 2354 | → | ~~2300~~<br>2400 | 十の位が5なので<br>切り上げ |
| --- | --- | --- | --- |
| 2302 | → | 2300<br>~~2400~~ | 十の位が0なので<br>切り捨て |

T 次の時間に四捨五入について詳しく学習します。

ふりかえりシートが活用できる。

# 四捨五入で概数に表す

板書例

## 四捨五入してがい数で表そう

20××年，世界中で金属がなくなりました。そこで，日本政府は 100 円玉より金額の小さい硬貨を使用不可にして硬貨の製造も中止にしました。つまり，100 円より小さい値段がなくなってしまったのです。お店の人は困りました。なんでも 100 円単位で品物を売らないといけなくなったからです。

※お話は黒板に貼らず教師が読むだけでも良い。

**1** ＜チョコレートとキャンディはいくらにしたらいいかな＞

|  | チョコレート | キャンディ |
|---|---|---|
|  | 145 円 | 256 円 |
| ・切り捨て | 100 円 | 200 円 |
| ・切り上げ | 200 円 | 300 円 |
| ・四捨五入 | 100 円 | 300 円 |

**2** 四捨五入のしかた

**3** ＜百の位までのがい数＞

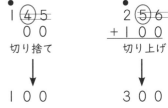

145　　　256

・
145　　　・256
百の位に点をうつ

・
1④5　　　・2⑤6
下の位を○でかこむ

・
1④5　　　・2⑤6
　0 0　　　＋1 0 0
切り捨て　　　切り上げ

↓　　　　↓

1 0 0　　　3 0 0

POINT　点や○など，学級での約束ごとで印をつけて，どの位の数を四捨五入すればよいかをはっきりさせましょう。

## 1 100 円単位の金額で表してみよう

お話を読む。

C　100 円，200 円，300 円…と 100 円単位の金額になるんだね。

T　145 円のチョコレートと 256 円のキャンディは，それぞれいくらにしたらいいでしょうか。

 100 に満たない数はすべて切り捨てたらどうかな。
145 円は 100 円，256 円は 200 円，買う人は嬉しいよね

お店の人の儲けがないから，すべて切り上げて，200 円と 300 円にしたらいいのでは

 公平に「四捨五入」の仕方で決めたらどうだろう

## 2 四捨五入の仕方を確かめよう（切り捨て）

T　四捨五入の仕方で，145 円を百の位までの概数にしてみます。どの数字を見たらいいですか。

C　十の位の数字を見て，切り上げか切り捨てかを決めます。

＜ 145 を百の位までの概数にする方法＞

① 百の位の数字の上に点をうつ。  ・
　　145

② その，下の位の数字を○で囲んで四捨五入する。 ・
　1④5

③ 切り捨ての場合は，はしたの数を消して 00 を書く。  ・
　1④5
　　0 0
　　↓
　1 0 0

④ 145 の概数は 100 になる。

| 準備物 | QR 冒頭のお話<br>QR ふりかえりシート | ICT | 子どもたちがノートに表した考えを撮影し，共有機能を使って全体共有すると，概数にする方法について対話的に学び合うことができる。 |
|---|---|---|---|

**まとめ**

> ●の位までのがい数にするには，
> その位のすぐ下の位を四捨五入する。

**4** 〈人口をがい数で表そう〉

| 北町 | 57682人 |
|---|---|
| 南町 | 57392人 |

① 四捨五入して，一万の位までのがい数

北町 5 ⑦6 8 2
　　　切り上げ
6 0 0 0 0　約6万人

南町 5 ⑦3 9 2
　　　切り上げ
6 0 0 0 0　約6万人

② 四捨五入して，千の位までのがい数

北町 5 7 ⑥8 2
　　　切り上げ
5 8 0 0 0
約5万8000人

南町 5 7 ③9 2
　　　切り捨て
5 7 0 0 0
約5万7000人

---

**3** 四捨五入の仕方を確かめよう（切り上げ）

T　256円を四捨五入して，百の位までの概数にしましょう。
C　このときも十の位の数を見て決めたらいいね。

＜256を百の位までの概数にする方法＞

① 百の位の数字の上に点をうつ。
　　　　　　　　•
　　　　　　2 5 6

② その一つ下の位の数字を〇で囲んで四捨五入する。
　　　　　　　　•
　　　　　　2 ⑤ 6

③ 切り上げの場合は，はしたの数を消してその下に100を書く。
　　　　　　　　•
　　　　　　2 5̶ 6̶
　　　　　＋1 0 0
　　　　─────────
　　　　　3 0 0

④ 200と100を合わせて，256の概数は300になる。

学習のまとめをする。

---

**4** 人口を概数で表してみよう

T　北町と南町の人口はそれぞれ約何万人になりますか。四捨五入して概数で表してみましょう。
C　一万の位までの概数にするときは，その下の千の位の数を四捨五入する。どちらも7だから切り上げて約6万人だね。
T　次は，約何万何千人になるか概数で表しましょう。

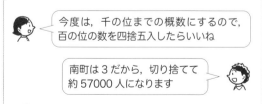

> 今度は，千の位までの概数にするので，百の位の数を四捨五入したらいいね

> 南町は3だから，切り捨てて約57000人になります

> 北町は6だから，切り上げて約58000人

概数で表す位の一つ下の位の数を四捨五入すればよいことを何度も確かめる。
ふりかえりシートが活用できる。

本時の目標　何の位までの概数になっているかわかる。四捨五入して上から○桁の概数にする方法がわかり，できるようになる。

板書例

## 四捨五入をして
## 「いろいろながい数の表し方ができるようになろう

**1**

〈何の位までのがい数？〉

㋐　乗客数
　　約２７０００人 ← ２６５４７人
　　　　　　　　　　　２７０００

　　　千の位までのがい数

㋑　日本の面積
　　約３８万㎢ ← ３７７９００㎢
　　　　　　　　　３８００００

　　一万の位までのがい数

**2**

〈きまりをみつけよう〉

２７６５４人 → 約２８０００人

５３２８人 → 約５３００人

１３８６５３人 → 約１４００００人

４５９人 → 約４６０人

上から２けたのがい数

POINT　四捨五入で概数にするときは，はじめのうちは点や○をかくなどして，確かめながら学習します。慣れてきたら，自分で分

---

**1**　次の数は，何の位までの概数に表したものですか。

Ｔ　ある駅の１日の乗客数は約27000人でした。実際の数は26547人です。この概数は，何の位の数を四捨五入して，何の位までの概数で表していますか。

２ ６ ⑤ ４ ７
２ ７ ０ ０ ０

２万７千人と，７千人まで表しているから百の位を四捨五入して千の位までの概数で表しています

実際の数の下に，概数を書いてみると，何の位を四捨五入したかわかりやすいね

日本の面積についても同じ方法でしてみる。

**2**　新しい概数の表し方を学ぼう

Ｔ　①〜④の数は同じきまりで概数になっています。どんなきまりか考えましょう。

①　27654人→約28000人
②　5328人→約5300人
③　138653人→約140000人
④　459人→約460人

あれ？千の位，百の位，一万の位とバラバラで，同じ位までの概数にしたというわけではないね

あ！どれも上から２つの数字で，あとは０だけで表されているよ

Ｔ　このような概数を「上から２桁の概数」といいます。

3

〈上から 2 けたのがい数にする〉

① 27654　　27●6̇54
　　　　　　約 28000

② 5328　　53②8
　　　　　　約 5300

4

〈上から 1 けたのがい数にする〉

① 37246　　3⑦246
　　　　　　約 40000

② 4299　　4②99
　　　　　　約 4000

まとめ　| 上から 2 けたのがい数で表すには，1 つ下の位の数を四捨五入する。 |

かりやすい方法を選んでできるようにします。

## 3　上から 2 桁の概数で表す方法を考えよう

　① 27654　② 5328

27654 の上から 2 桁目は 7 だから 7 に点をうって，四捨五入するのはその 1 つ下の位だから 6 に○をする。6 は切り上げなので，654 は 1000 になって概数は約 28000 になるよ

 2 7 ⑥ 5 4

5328 も上から 3 桁目の 2 を四捨五入すればいいね。切り捨てだから約 5300 になるよ

学習のまとめをする。

## 4　上から 1 桁の概数で表してみよう

　① 37246　② 4299

C　上から 1 桁で表すには上から 2 桁目の数を四捨五入したらいいね。

37246 は，7 を四捨五入して約 40000 になります

4299 は，2 を四捨五入して約 4000 になります

C　概数の表し方には，「○の位まで」と「上から○桁」の 2 つのいい方があるね。

C　どちらもその 1 つ下の位の数を四捨五入すればいいね。

　ふりかえりシートが活用できる。

本時の目標　四捨五入して概数にする前のもとの数の範囲や，「以上」「以下」「未満」の意味がわかる。

板書例

## 数あてゲームでがい数のはんいを考えよう

**1**

四捨五入で十の位までのがい数にしたとき「30」になる数をあてよう。

↓

? 

24 25 26 27 28 29 30 31 32 33 34 35
×                                    ×

$25 \sim 34$

25 から 34 まで

**2**

四捨五入で百の位までのがい数にしたとき「300」になる数を考えよう。

250 から 349 までが「300」になるはんい

250 <u>以上</u>　350 <u>未満</u>

× 350 <u>以下</u>（350 も入る）

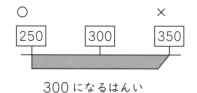

300 になるはんい

---

POINT　ゲームで導入することで，学習意欲を高めます。はじめのうちは自由に数字を言っていた子も進めていくうちに範囲のきま

## 1　数当てゲームをしよう

数字をかいたカードを裏向きで 1 枚黒板に貼る。

T　これは，四捨五入で十の位までの概数にしたとき，30 になる整数です。その数を当てましょう。

C　24 は四捨五入すると 20 になるから違うな。

C　28 は四捨五入すると 30 だよ。

はじめは子どもたちに自由に数字を発表させたい。

みんなが発表してくれた整数を整理してみましょう

×　㉕㉖㉗㉘㉙㉚㉛㉜㉝㉞　×
24　　　　　　　　　　　　　　35

25 〜 34 までが，四捨五入すると 30 になる整数だね

T　25 から 34 までが，四捨五入すると 30 になる範囲です。

カードを裏返して答えを見せる。
（25 以上 34 以下の数のうちどれかを書いておく。）

## 2　四捨五入で百の位までの概数にしたとき，300 になる数を考えよう

T　カードに書いている数を当てるには，まず 300 になる整数の範囲を考えましょう。

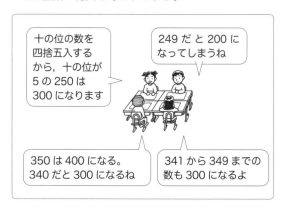

T　300 になる整数の範囲は，250 から 349 までの数です。これを，250 以上 350 未満と表します。以下ではその数も含んでしまうので 350 以下とは書きません。

数直線に範囲をまとめ，カードの答えを見せる。

3 四捨五入で千の位までのがい数にしたとき「3000」になる数を考えよう。

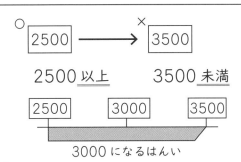

2500 以上　　　3500 未満

3000 になるはんい

## まとめ

四捨五入でがい数になった整数のはんいを以上と未満で表すことができる。

| 2500 以上 | 2500 を入れてそれより大きい |
| 2500 未満 | 2500 を入れないでそれより小さい |
| 2500 以下 | 2500 を入れてそれより小さい |

4 〈数直線に表して〉

ア　400（百の位まで）

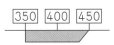

350 以上 450 未満

イ　6000（千の位まで）

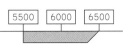

5500 以上 6500 未満

ウ　20000（万の位まで）

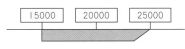

15000 以上 25000 未満

りがわかるようになります。

## 3 四捨五入で 3000 になる数の範囲を考えよう

T　四捨五入で千の位までの概数にしたとき，3000になる整数の範囲を数直線に表して考えましょう。

百の位を四捨五入するから，2500 以上の整数になるね

3500 だと概数は 4000 になるから，3500 以下ではなく 3500 未満だね

C　3000 になる整数の範囲は，2500 以上 3500 未満の数になります。

「以上」・「以下」・「未満」を丁寧に説明しておく。学習のまとめをする。

## 4 図をかいて，概数の範囲を自分で考えてみよう

T　四捨五入してそれぞれの位までの概数にしたとき，その概数になる整数の範囲を数直線に表し，以上・未満を使って答えましょう。

　　ア　400（百の位まで）
　　イ　6000（千の位まで）
　　ウ　20000（一万の位まで）

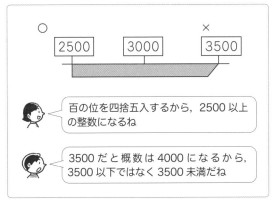

ア　400（百の位まで）の場合

① はじめに 400 をかく。

② 次に 350 と 450 をかく。

③ 350 以上 450 未満の範囲を下に表す。

ふりかえりシートが活用できる

# 概算（和・差）

板書例

## がい数を使って，たし算・ひき算をしよう

**1**

問題1
68700円のノートパソコンと
20400円のデジカメを買いました。
合計で，およそ何万何千円になりますか。

⑦　68700 + 20400 = 89100

　　　　　約8万9千円

①　68700 → 69000
　　20400 → 20000
　　69000 + 20000 = 89000

　　　　　約8万9千円

**2**

＜一万の位までのがい数で＞

①　45689 + 13756
　　50000 + 10000 = 60000
　　　　　　　　約60000
　電卓　59445 →約60000

②　125876 + 94653
　　130000 + 90000 = 220000
　　　　　　　約220000
　電卓　220529 →約220000

POINT　概算の便利さを知り，買い物のときなど買い物のときなど日常生活で使ってみようと思えるようになるといいでしょう。

## 1　答えが何万何千になるように計算しましょう

C　求める答えが何万何千円だから，千の位までの概数にしたらいいね。百の位の数を四捨五入しよう。

⑦
68700 + 20400 = 89100
89100を四捨五入して89000。
約89000円になりました。

①
私は先に代金を概数にしてから計算したよ。
68700は69000。20400は20000。
69000 + 20000 = 89000
　　　　　約89000円です。

C　⑦は，先に計算して答えを概数にしています。
　①は先に概数にしてから計算しています。
C　①だと暗算でも計算できるから簡単です。
T　①のように概数にしてから計算することを概算といいます。

## 2　一万の位までの概数で計算しましょう

①　45689 + 13756　②　125876 + 94653
C　①は，50000 + 10000　で，約60000です。
C　②は，130000 + 90000で，約220000です。
T　電卓を使って，答えが同じになるか確かめてみましょう。

45689 + 13756 =
59445
59445を概数にすると，約60000。
同じになりました

125876 + 94653 =
220529
220529を概数にすると，約220000。
同じになりました。

C　概算は計算が簡単にできるから便利だね。
C　買い物に行ったときにも使えそうだね。

ICT ふりかえりシートのデータを配信すると，概数の加減の仕方について反復練習ができ，学習内容の定着を図ることができる。

**3**

問題 2
21950 円持っています。
13200 円のゲーム機を買うと，
およそいくら残るでしょう。

＜一万の位までのがい数＞

20000 − 10000 = <u>10000</u>

約 10000 円

＜千の位までのがい数＞

22000 − 13000 = <u>9000</u>

約 9000 円

電卓 21950 − 13200 = <u>8750</u>

**4** ＜千の位までのがい数で＞

① 125869 − 84900
126000 − 85000 = 41000
約 41000
電卓 40969 →約 41000

② 58437 − 32456
58000 − 32000 = 26000
約 26000
電卓 25981 → 約 26000

③ 58537 − 32496
59000 − 32000 = 27000
約 27000
電卓 26041 →約 26000

まとめ がい数にしてから計算することをがい算といいます

---

**3** 問題 2 を一万までの概数，千の位までの概数にして求めてみましょう

T まず，一万の位までの概数で求めましょう。
C ひき算も先に概数にして計算するといいね。
C 21950 は 20000，13200 は 10000 として概算すると，答えは約 10000 円になります。
T 次は，千の位までの概数にして求めてみましょう。

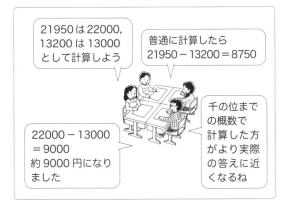

21950 は 22000，13200 は 13000 として計算しよう

普通に計算したら 21950 − 13200 = 8750

22000 − 13000 = 9000 約 9000 円になりました

千の位までの概数で計算した方がより実際の答えに近くなるね

概算する際に，どこの位までの概数にするかで答えが変わってくることを知らせる。

**4** ①②③を千の位までの概数で求めましょう

① 125869 − 84900 ② 58437 − 32456
C ①は，126000 − 85000 で約 41000 です。
C ②は，58000 − 32000 で約 26000 です。
T 概算でない場合の答えを電卓を使って確かめましょう。
C ①も②答えに近い数字になったよ。

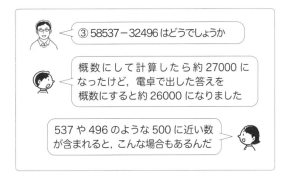

③ 58537−32496 はどうでしょうか

概数にして計算したら約 27000 になったけど，電卓で出した答えを概数にすると約 26000 になりました

537 や 496 のような 500 に近い数が含まれると，こんな場合もあるんだ

学習のまとめをする。
ふりかえりシートが活用できる

第 **8** 時

# 概算（積・商）

板書例

## がい数を使ってかけ算・わり算をしよう

**1**

問題 1
旅行の費用として 1 人あたり 23421 円を 38 人分集めます。集めるお金は全部でおよそいくらですか。

〈上から 1 けた〉
$20000 × 40 = 800000$
約 800000 円

〈上から 2 けた〉
$23000 × 40 = 920000$
約 920000 円

〈実際の計算〉
$23421 × 38 = 889998$
約 900000 円

**2**

〈がい算の練習〉

① $45865 × 23$
$50000 × 20 = 100000$
約 100000

② $45865 × 282$
$50000 × 300 = 15000000$
約 15000000

〈積の見積もりの方法〉
かけられる数もかける数も, 上から 1 けたのがい数にして計算する。

POINT わり算の見積もりの方法は, 教科書によって桁数のとり方に違いがある。ここでは, 2 桁と 1 桁にしています。(1 桁と 1

**1** 問題 1 で概数のかけ算の仕方を考えよう

C 23421 円の 38 人分を求めるので, かけ算だね。

C およその金額を求めるので, 概算しよう。

C 上から 1 桁の概数にして求めてみました。
$20000 × 40 = 800000$ で約 800000 円になります。

C 私は, 23421 円を上から 2 桁の概数にしました。
$23000 × 40 = 920000$ で約 920000 円になります。120000 円も違ってくるね。

 電卓を使って実際の数字で計算してみましょう

$23421 × 38 = 889998$
で 889998 円になる

 上から 1 桁の概数にすると簡単に計算できるけど, 上から 2 桁の概数にした方が正確な答えに近づくね

**2** かけ算の概算の練習をしよう

T かけ算の積を見積もるには, ふつう, かけられる数もかける数も上から 1 桁の概数にして計算します。練習しましょう。

① $45865 × 23$ 　② $45865 × 282$

 ①は, $50000 × 20 = 1000000$
$50000 × 20$ を $5 × 2 = 10$
と計算して, 10 に 0 を 5 個つけたら簡単に計算できます

②は, $50000 × 300 = 15000000$
$50000 × 300$ を $5 × 3 = 15$ と計算して, 15 に 0 を 6 個つけたらいいね

かけ算の学習のまとめをする。

| 準備物 | ・電卓<br>**QR** ふりかえりシート | I<br>C<br>T | ふりかえりシートのデータを配信すると，子どもは積や商の見積もりに概数を用いる方法を捉えられ，教員は学習内容の定着度を見取って支援につなげられる。 |  |
|---|---|---|---|---|

**3**

問題 2
旅行代金が 556500 円集まりました。
人数は全員で 21 人です。
1 人あたりおよそ何円集めましたか。

〈上から 2 けた ÷ 上から 1 けた〉
　560000 ÷ 20 = 28000

　　　　　　　　　　約 30000 円
〈実際の計算〉
　556500 ÷ 21 = 26500

　　　　　　　　　　約 30000 円

**4**

＜がい算の練習＞
　①　17895 ÷ 85
　　　　　↓
　　　18000 ÷ 90

　　　　　　　　約 200

　②　45321 ÷ 4600
　　　　　↓
　　　45000 ÷ 5000

　　　　　　　　約 9

〈商の見積もりの方法〉
わられる数は上から 2 けた，わる数は上から 1 けた
のがい数にして計算し，商は上から 1 けたのがい数で求める。

---

桁のものもある）

## 3 問題 2 で概数のわり算の仕方を考えよう

C　1 人あたりの金額を聞いているのでわり算です。
C　およそと聞いているので概算で求めます。
T　わり算の商を見積もるには，ふつう，わられる数
　を上から 2 桁，わる数を上から 1 桁の概数にして
　から計算し，商は上から 1 桁の概数で求めます。

556500 ÷ 21 は，
560000 ÷ 20 として
計算したらいいね。
560000 ÷ 20 = 28000 で
約 28000 円になります

商は上から 1 桁
の概数で表すので，
約 30000 円です

わり算の学習のまとめをする。

## 4 わり算の概算の練習をしよう

　①　17895 ÷ 85　　②　45321 ÷ 4600

C　①は，18000 ÷ 90 で計算します。
C　②は，45000 ÷ 5000 で計算します。

 わり算の性質を使って計算すると簡単
だよ

（わり算は，同じ数でわって計算しても答えは同じ）

　①　18000 ÷ 90　　= 1800 ÷ 9
　　　　　　　　　　= 200

　②　45000 ÷ 5000　　= 45 ÷ 5
　　　　　　　　　　　= 9

ふりかえりシートが活用できる。

がい数の表し方 第1時

名
前
_____

1　どんなときに，およその数を使いますか。

(1)　㋐〜㋓の中から選びましょう。

> ㋐　えん筆の代金は 100 円です。
> ㋑　音楽発表会に 100 円くらい集まりました。
> ㋒　おばあさんは今年 100 円になります。
> ㋓　公園でおよそ 100 このどんぐりをひろいました。

(2)　ふだんの生活の中で，およits数が使われているところ



2　よくばりな船会社では，次の人数のとき，何人乗りの船が出ますか。

①　33人　　（　　　　　　　　　）

②　49人　　（　　　　　　　　　）

③　8人　　（　　　　　　　　　）

もし，あなたが8人の中のひとりだったら，どう思いますか。



3　次の数を切り捨てて百の位までのがい数にしましょう。

①　520　　（　　　　　　　　　）

②　875　　（　　　　　　　　　）

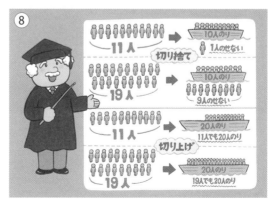

# 計算のきまり

## ◎ 学習にあたって ◎

### <この単元で大切にしたいこと>

　この単元の学習では，具体的な場面を式に表したり，式から具体的な場面や関係を読み取ったりします。

　計算のきまりには，①通常は，左から順に計算する，②（　　）の中を先に計算する，③加減よりも乗除を先に計算する，の3つがありますが，これらを形式的に学習にするのではなく，買い物などの具体的な場面から出発し，「ひとまとまりにする」という考え方から，（　　）の中や乗除を先に計算する意味をとらえることが大切です。そうすることで，式が具体的な場面を簡潔に表したものであることを理解し，その良さを学ぶことができます。

　上記と関連し，式から具体的な場面や考え方を読み取ることも大切です。具体的な場面の問題解決において，その思考の道筋を表現する手段として式が用いられているのですから，反対に，式から具体的な場面を読み取る学習をします。それができるようになれば，式を簡潔に表現されたものとして受け入れることができるようになります。

　交換法則，結合法則，分配法則，またはかけ算やわり算の計算のきまりについても，できる限り具体的な場面と関連させ，数の計算の面白さや便利さに関わらせながら学習することが大切です。

### <数学的見方考え方と操作活動>

　上記の計算のきまり①②③の学習では，具体的な場面として買い物の場面を取り上げています。生活経験が乏しくてそのような場面が想起できないようであれば，イラストなどを使って想像できるような工夫をして子どもの力で1つの式に表せるようにしましょう。

　分配法則や「計算のきまりを使って1つの式に表す」学習では，図を使って自分や友だちの考え方を説明することができるようにします。

### <個別最適な学び・協働的な学びのために>

　計算のきまりを形式的に教えられるのではなく，具体的な場面から出発します。まずは通常だと左から順に計算する必然性を学び，次に（　　）を使った式にすることの必要性を「ひとまとまりにする」をキーワードに，乗除を加減よりも先に計算する意味を考えることができるようにします。

　分配法則や「計算のきまりを使って1つの式に表す学習」では，多様な解決方法を考えることと，その考えを交流することを大切にします。多様な考え方を式に表すことや，式に表されたことを読み取ることも対話的な学習を通してできるようにします。

　交換法則や結合法則，分配法則，または，かけ算やわり算のきまりの学習では，子どもたちの気づきを生かしながら学習が展開できるように工夫します。

◎ 評 価 ◎

| 知識および<br>技能 | （　　）を使った式や四則混合の式の計算の順序を理解し，正しく計算することができる。 |
|---|---|
| 思考力，判断力，<br>表現力等 | 具体的な場面をきまりを用いて工夫して1つの式に表したり，1つに表した式から考え方を読み取ったりする。 |
| 主体的に学習に<br>取り組む態度 | 計算のきまりを使って1つの式に表すことの良さに関心をもち，進んで式に表したり，計算したりする。 |

◎ 指導計画　7 時間 ◎

| 時 | 題 | 目　　標 |
|---|---|---|
| 1 | 1つの式に表す方法 | 1つの式に表して，左から順に計算する場合と，（　）がある場合の計算方法を理解する。 |
| 2 | （　　）を使った1つの式 | 場面を読み取って，（　　）を使った1つの式をつくり，計算することができる。 |
| 3 | 四則の混合式 | 四則計算の混じった式をつくり，計算の順序を理解することができる。 |
| 4 | 計算の順序 | （　　）や四則計算が混じった式の計算を，順序正しくできるようになる。 |
| 5 | 計算のきまり | 分配法則を理解し，■や●を使って一般化したり，計算を簡単にする工夫を考えたりすることができる。 |
| 6 | 計算のきまりを使った計算 | 交換法則や結合法則やかけ算やわり算の計算のきまりを使って，計算をすることができる。 |
| 7 | 計算のきまりを使って式に表す | ドットの数の求め方を工夫して考え，1つの式に表したり，式から考え方を読み取ったりすることができる。 |

板書例

## 1つの式に表す方法を考えよう

 ①

$$500 - 150 = 350$$
$$350 - 120 = 230$$

〔1つの式〕 ↓

$$500 - 150 - 120 = 230$$

左から順に計算する

答え　230 円

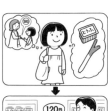 ②

とうふとネギの代金　$150 + 120 = 270$
おつり　$500 - 270 = 230$

〔1つの式〕 ↓

$$500 - (150 + 120) = 230$$

持っているお金 － 代金 ＝ 残りのお金

答え　230 円

**POINT**　「左から順に計算する」や「（　）の中を先に計算する」を機械的に学習するのではなく，場面に対応させながら意味を考え

---

## 1 ①のお話を場面の順に式に表そう

T　イラストを見て，場面通りにお話しましょう。
C　500 円を持ってまず 150 円の豆腐を買ったよ。
C　次に，八百屋で 120 円のネギを買いました。
T　この場面を 1 つの式に表して，残りの金額を求めましょう。

 豆腐屋さんでお金を 150 円払った式は
$500 - 150 = 350$

 次に八百屋さんで 120 円払った式は
$350 - 120 = 230$

これを 1 つの式にしたら，
$500 - 150 - 120 = 230$ となります。

T　150 － 120 を先に計算していいですか？
C　左から順にしないと答えが違ってしまいます。
T　左から順に計算するきまりがありましたね。

## 2 ②のお話で，代金を求める式を表そう

 今度はスーパーで豆腐とネギを一緒に買っているね

前は 1 つ 1 つお金を払っていたけど今度はまとめて払っているよ

 式も，2 つの代金を合わせることからしないといけないね。

T　残りの金額を求める式はどうなりますか。
C　$150 + 120 = 270$
　　$500 - 270 = 230$　になります。
T　1 つの式に表すことはできるでしょうか。
C　$500 - 150 + 120 = 230$　となります。
C　この式だと答えが 470 円になってしまう。
　　$500 - (150 + 120) = 230$ と，（　）が必要です。

**3**

まとめ
・ふつうは左から順に計算する。
・（　）のある式では　（　）の中をひとまとまりとみて，先に計算する。

**4**

150円のパンを30円引きで，売っていました。
200円をはらうとおつりはいくらになりますか。

パンの代金　150 − 30 = 120
おつり　200 − 120 = 80

（１つの式）

はらったお金 − パンの代金 = おつり
200 − (150 − 30) = 80

答え　80円

るようにします。

## 3 （　）が必要なわけを説明しましょう

豆腐とネギの合計代金を500円から支払うので，2つの代金を合わせる計算を先にします

豆腐とネギの代金をひとまとまりとみているから（　）をつけます。
（　）がなかったら，「左から順に計算する」というルールがあるので答えが違ってしまいます

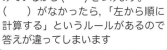

T （　）のある式では，（　）の中をひとまとまりとみて先に計算します。
C （　）を使うと1つの式に表すことができる。

1つの式に表す際，(150 + 120) − 500 と間違う子もいる。持っているお金 − 代金 = 残りのお金 を言葉の式にしておく。

学習のまとめをする。

## 4 （　）を使った1つの式に表してみよう

問題文を提示する。

T おつりを求める式を表すためには，先に何を計算したらよいでしょうか。
C 先にパンの代金を求めたらいいね。
パンの代金は，150 − 30 = 120
おつりは，200 − 120 = 80　になります。
T これを1つの式に表してみましょう。

言葉の式で表すと，
はらったお金 − パンの代金 = おつり になるね。

200 − (150 − 30) = 80
になります。

C パンの代金をひとまとまりとみれば，1つの式で表せるね。

ふりかえりシートが活用できる

本時の目標　場面を読み取って，（　　）を使った1つの式を
つくり，計算することができる。

板書例

## （　　　）を使って1つの式に表そう

**1**

㋐
150円と120円のものを買っ
て，500円をはらったときのお
つりはいくらですか。

式　500 −（150 ＋ 120）＝ 230

$$\boxed{\text{はらったお金}} − \boxed{\text{代金}} = \boxed{\text{おつり}}$$

×　500 − 150 ＋ 120

答え　230円

**2**

㋑
160円のハサミと110円の
ノリをセットにして5セット
買うと，いくらになりますか。

×5セット

セット代金をひとまとまり
160 ＋ 110

式　（160 ＋ 110）× 5 ＝ 1350

$$\boxed{\text{1セット分の代金}} × \boxed{\text{セット数}} = \boxed{\text{合計代金}}$$

答え　1350円

POINT　ひとまとまりにして考えるところ，つまり（　　）を使って表すところを見つけることが，まずは大切です。

---

**1** 前時の学習をふり返ろう

㋐の問題文を提示する。

T　おつりを求める式は「500 − 150 ＋ 120」でよかっ
　たでしょうか。

> 左から順番に計算することになるから
> いけません。
> まず，150円と120円の代金をまとめ
> ます

> $\boxed{\text{はらったお金}} − \boxed{\text{代金}} = \boxed{\text{おつり}}$ だから，
> 500 −（150 ＋ 120）となります

T　先に計算する，ひとまとまりとみるものを（　　）
　でまとめて，1つの式にしますね。

**2** ㋑の問題を，（　　）を使った1つの式に
表そう

㋑の問題文を提示する。

T　ひとまとまりとみて（　　）を使うところはどこ
　ですか。

> $\boxed{\text{1セット分の代金}} × \boxed{\text{セット数}} = \boxed{\text{合計代金}}$ で
> かけ算の式にしたらいいね

> ひとまとまりとみる
> ものは，ハサミとのりの
> 1セットの分代金です

C　160 ＋ 110 ＝ 270　　270 × 5 ＝ 1350

C　1つの式に表すと（160 ＋ 110）× 5　になります。

C　あれ？左から順に計算するのと同じことだから，
　（　　）はいらないんじゃないかな。

　上のような意見が子どもから出た場合は，子どもの気づき
　を大いに褒め，次時につなげる。

**3**

ⓦ
> 110円のメロンパンが20円引きになっていたので，6こ買いました。代金はいくらですか。

110円の20円引き

 ×6こ

安くなったパンのねだんをひとまとまり
110 − 20

式　$(110 − 20) × 6 = 540$

| パン1こ分の代金 | × | こ数 | = | 合計代金 |

答え　540円

## まとめ

> （　　）のある式では，
> （　　）の中をひとまとまり
> とみて，先に計算する。

**4**

〈かんたんに計算しよう〉

(1)　ⓐ　$96 + 87 + 13$

　　　ⓑ　$96 + (87 + 13)$

(2)　$13 × 25 × 4$
　　$= 13 × (25 × 4)$
　　$= 13 × 100$
　　$= 1300$

---

## 3 ⓦの問題を（　　）を使った1つの式に表そう

ⓦの問題文を提示する。

T　この問題で（　　）を使うところはどこになりますか。

> 安くなったパンの値段をひとまとまりとして考えればいいね
>
>  | 1個分の代金 | × | 個数 | = | 合計代金 |<br>だから，パンの代金がひとまとまりとみるところだね

C　パンの値段を求める式は　$110 − 20 = 90$

C　それを6個買ったから　$90 × 6 = 540$

C　1つの式にすると　$(110 − 20) × 6$　です。

T　これも左から順に計算すれば，（　　）がなくても答えは同じなのか，次の時間にその謎を解いていきましょう。

学習のまとめをする。

## 4 （　　）を使って，計算を簡単にしよう

T　次の2つの計算をしてみましょう。どちらが簡単ですか。

　ⓐ　$96 + 87 + 13$　　ⓑ　$96 + (87 + 13)$

C　先に100を作ってからたし算をするⓑの方が簡単です。

>  「13×25×4」の計算をしてみましょう
>
> （　）を使ってみたら，もっと簡単に計算できないかな
>
> 25×4＝100だから，13×(25×4)としたら暗算でもできるよ
>
>

T　式が全部たし算だけだったり，かけ算だけだったりすれば，今みたいな裏技が使えます。

ふりかえりシートが活用できる

# 四則の混合式

## ２つの式を１つの式に表そう

**1**

⑦
> 120円のパンを3こ買って，500円をはらったときのおつりはいくらですか。

| | |
|---|---|
| パンの代金 ひとまとまりとみる | $120 \times 3 = 360$ |
| おつりを求める | $500 - 360 = 140$ |

**2**

↓ 1つの式に

| はらったお金 | − | パン代 | = | おつり |
|---|---|---|---|---|

$$500 - (120 \times 3) = 140$$

↓ （ ）はなくていい

$$500 - 120 \times 3 = 140$$

答え　140円

ひき算よりもかけ算を先に計算する

**3**

> 500円の絵の具と1ダース800円のえんぴつ半ダース分の合計代金はいくらですか。

| | |
|---|---|
| えんぴつ半ダースの代金 | $800 \div 2 = 400$ |
| 合計代金を求める | $500 + 400 = 900$ |

↓ 1つの式に

$$500 + (800 \div 2) = 900$$

↓ （ ）はなくていい

$$500 + 800 \div 2 = 900$$

答え　900円

たし算よりもわり算を先に計算する

POINT まずは，2つ3つの式に表すことから始め，それを1つの式にできる便利さと達成感が味わえるようにします。

## 1 問題文を読んで，2つの式に表してみよう

⑦の問題文を提示する。

T この問題文で，まず求めるものは何ですか。

> 3個のパン代をひとまとまりとしてみたらいいね

> それからおつりを求めることになるね

C パン代を求める式は，$120 \times 3 = 360$　です。
C おつりを求める式は，$500 - 360 = 140$ です。
C 答えは，140円です。
T この2つの式を1つの式に表してみましょう。

## 2 2つの式を1つにすると，どんな式になりますか

C 言葉の式で表すと，
| はらったお金 | − | パンの代金 | = | おつり | になるから…
|---|---|---|---|---|

> $500 - \underline{360} = 140$
> $120 \times 3$

> 360 を 120×3 にすればいいね

> 120×3 を先に計算しないといけないから，（　）をつけて $500-(120 \times 3)=140$ になります

T これでも間違いではないのですが，かけ算はひとまとまりと考えて，（　）をつけなくても先に計算するきまりになっています。
C $500 - 120 \times 3 = 140$　でいいですね。
T 新しい計算のきまりです。ひき算とかけ算の混じった式では，かけ算を先に計算します。

準備物　QR ふりかえりシート

ICT　ふりかえりシートを配信すると，一つの式に表す方法について反復練習することができ，教員は学習内容を子どもたちがどう理解しているか見取れる。

まとめ　たし算・ひき算と，かけ算・わり算がまじった式ではかけ算・わり算を先に計算する。

④

ウ　100円のりんごを3個と80円のキウイフルーツを5個買うと，代金はいくらですか。

りんごの代金　　　　　　100 × 3 = 300
キウイフルーツの代金　　80 × 5 = 400
合計代金　　　　　　　　300 + 400 = 700

↓　（1つの式に）

100 × 3 + 80 × 5 = 700

答え　700円

---

## 3　2つの式を1つの式に表してみよう

①の問題文を提示する。

T　はじめに求めておいたらいいのは何でしょう。

C　鉛筆半ダースの代金です。1ダースの半分だから，「÷ 2」をしたら求められます。

C　そして，絵の具の代金と合わせたらいいね。

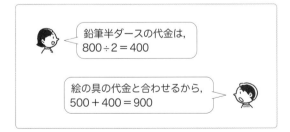

鉛筆半ダースの代金は，800 ÷ 2 = 400

絵の具の代金と合わせるから，500 + 400 = 900

T　1つの式にまとめて書きましょう。

C　500 +（800 ÷ 2）= 900

C　わり算もかけ算と同じで先に計算するきまりだったら，500 + 800 ÷ 2 = 900 かな。

学習のまとめをする。

## 4　3つの式を1つの式に表してみよう

ウの問題文を提示する。

T　代金を求める式を考えましょう。

C　りんごの代金　100 × 3 = 300

C　キウイフルーツの代金　80 × 5 = 400

C　2つの代金を合わせる　300 + 400 = 700

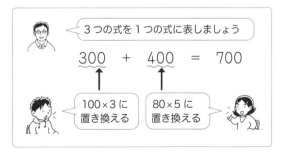

3つの式を1つの式に表しましょう

300 ＋ 400 ＝ 700

100 × 3 に置き換える　　80 × 5 に置き換える

C　たし算よりもかけ算を先に計算するきまりなので，（　　）はなくてもいいから
　100 × 3 + 80 × 5 = 700　になります。

ふりかえりシートが活用できる。

本時の目標 （　）や四則計算が混じった式の計算を，順序正しくできるようになる。

板書例

# 計算の順じょのきまりを守って計算しよう

**1**

＜計算のきまり＞

・ふつうは左から順に計算する。

・（　）の中を先に計算する。

・×や÷は，＋や－より先に計算する。

**2**

㋐　$14 - 2 \times (3 + 4) = 14 - 2 \times 7$

$= 14 - 14$

$= 0$

㋑　$14 - (2 \times 3 + 4) = 14 - (6 + 4)$

$= 14 - 10$

$= 4$

㋒　$(14 - 2) \times (3 + 4) = 12 \times (3 + 4)$

$= 12 \times 7$

$= 84$

㋓　$14 - 2 \times 3 + 4 = 14 - 6 + 4$

$= 8 + 4$

$= 12$

(POINT) 同じ数字や記号が並んでいるのに，（　）をつけたり，場所を変えるだけで答えが変わることを面白がってできるように言

**1** 計算の順序を守って計算しよう

T　計算のきまりをふり返っておきましょう。

C　普通は左から順に計算します。

C　（　）があったら（　）の中を先に計算します。

C　＋と－よりも×と÷を先に計算します。

㋐　$14 - 2 \times (3 + 4)$

㋑　$14 - (2 \times 3 + 4)$

㋒　$(14 - 2) \times (3 + 4)$

㋓　$14 - 2 \times 3 + 4$

数字も，記号も同じなのに答えは同じではないね

（　）があると，それを先に計算するからね

**2** どの順番で計算するのか1つずつやってみよう

　㋐を一緒に計算してみましょう。まず，どこから計算しますか

（　）の中から計算します。
$14 - 2 \times (3 + 4) = 14 - 2 \times 7$　

次に計算するのはどこですか

－と × だから，× を先に計算しますすると，$14 - 14 = 0$　になります　

㋐のように，計算のきまりに沿って 1 つずつ順番に計算していく。㋑～㋓も急がずに 1 つずつ計算していくようにする。

**3**

㋒ $3 \times 6 + 4 \div 2 = 18 + 4 \div 2$
$= 18 + 2$
$= 20$

㋕ $3 \times (6 + 4) \div 2 = 3 \times 10 \div 2$
$= 30 \div 2$
$= 15$

㋖ $(3 \times 6) + (4 \div 2) = 18 + (4 \div 2)$
$= 18 + 2$
$= 20$

**4**

〈成り立つように（　　）をつけよう〉

① $(3 + 3 + 3) \div 3 = 3$

② $(3 \times 3 + 3) \div 3 = 4$

③ $(3 + 3) \div 3 + 3 = 5$

④ $(4 + 4 + 4) \div 4 = 3$

⑤ $(4 - 4) \times 4 + 4 = 4$

⑥ $(4 + 4 \times 4) \div 4 = 5$

⑦ $5 - (5 + 5) \div 5 = 3$

⑧ $(5 \times 5 - 5) \div 5 = 4$

⑨ $(5 - 5) \times 5 + 5 = 5$

葉かけをしていきましょう。

## 3　答え合わせをし，次の問題に挑戦しよう

　㋑〜㋔について　ペアで答え合せをした後で，全体で答え合せをする。間違いがあれば，その理由を明らかにする。

Ｔ　次はこの問題に挑戦してみましょう。
　　㋒　$3 \times 6 + 4 \div 2$
　　㋕　$3 \times (6 + 4) \div 2$
　　㋖　$(3 \times 6) + (4 \div 2)$

　ここでも１つずつ計算していく方法を推奨したい。慣れてきたら，全体を通して説明できるようにしていく。

$3 \times 6 + 4 \div 2 = 18 + 4 \div 2$
$= 18 + 2$
$= 20$
次にする計算だけを見つけてしるしをつけていく。

　〈計算のきまり〉を学習のまとめとして，再確認する。

## 4　式が成り立つように（　　）をつけよう

① $3 + 3 + 3 \div 3 = 3$　　② $3 \times 3 + 3 \div 3 = 4$

③ $3 + 3 \div 3 + 3 = 5$　　④ $4 + 4 + 4 \div 4 = 3$

⑤ $4 - 4 \times 4 + 4 = 4$　　⑥ $4 + 4 \times 4 \div 4 = 5$

⑦ $5 - 5 + 5 \div 5 = 3$　　⑧ $5 \times 5 - 5 \div 5 = 4$

⑨ $5 - 5 \times 5 + 5 = 5$

Ｔ　⑩は自分で作ってみましょう。

　どうしてもできない場合は，後回しにしてもいいと伝える。同じ数字を４つ並べてそれぞれ 3，4，5 になるように式をつくる。6 や 7 でもできるか挑戦させたい。

　QR コードから「やってみよう」が参照できる。計算遊びの感覚で楽しく取り組めるようにしたい。

　ふりかえりシートが活用できる

# 計算のきまり

本時の目標：分配法則を理解し，■や●を使って一般化したり，計算を簡単にする工夫を考えたりすることができる。

## 2つの方法で求めよう

**1** (1)　球根は全部で何こありますか。

　　⑤　まとめて求める
　　　　$\underline{20 \times 5 = 100} \rightarrow (4 + 16) \times 5 = 100$

　　◎　別々に求めて合わせる
　　　　$4 \times 5 + 16 \times 5 = 100$　　　　答え 100 こ

$$(4 + 16) \times 5 = 4 \times 5 + 16 \times 5$$

**2** (2)　それぞれの球根の数のちがいは何こですか。

　　⑤　$(16 - 4) \times 5 = 60$
　　◎　$16 \times 5 - 4 \times 5 = 60$　　　　答え 60 こ

$$(16 - 4) \times 5 = 16 \times 5 - 4 \times 5$$

（クロッカス　5　4　チューリップ　16）

POINT　ここでは，計算のきまりの中でも分配法則だけにしぼって学習します。

---

**1** 花の球根は全部で何個あるか，2通りの方法で求めてみよう

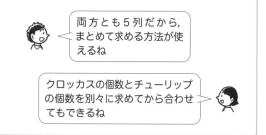

両方とも5列だから，まとめて求める方法が使えるね

クロッカスの個数とチューリップの個数を別々に求めてから合わせてもできるね

C　まとめて求めると，$20 \times 5 = 100$　です。

C　もう少し詳しくかくと，20は$4 + 16$だから　$(4 + 16) \times 5 = 100$　になるね。

T　別々に求めた式はどうなりますか。

C　$4 \times 5 + 16 \times 5 = 100$　です。

T　どちらも答えは100になるので，式同士を等号で表すことができます。

　　　$(4 + 16) \times 5 = 4 \times 5 + 16 \times 5$

---

**2** 2種類の球根の数のちがいを求めよう

16列と4列のちがいに目をつけてから求めよう

クロッカスの個数とチューリップの個数を別々に出してから差を求めよう

C　まとめて求めると，$(16 - 4) \times 5 = 60$　となる。

T　別々に求めた式はどうなりますか。

C　$16 \times 5 - 4 \times 5 = 60$　です。

T　どちらも答えは60なので，式同士を等号で表すことができますね。

　　　$(16 - 4) \times 5 = 16 \times 5 - 4 \times 5$

等号で結んだ2つの式から，気がついたことを話し合う。

準備物　QR 板書用図　QR ふりかえりシート

I C T　記号を使って一般化した図のデータを配信すると，そこに図の見方を書き込みながら考えることができ，友だちと対話的に立式の仕方を追究できる。

**3**

〈記号で表してみよう〉

4を■，16を●，5を▲にすると

$$(4 + 16) \times 5 = 4 \times 5 + 16 \times 5$$
$$\downarrow$$
$$(■ + ●) \times ▲ = ■ \times ▲ + ● \times ▲$$

$$(16 - 4) \times 5 = 16 \times 5 - 4 \times 5$$
$$\downarrow$$
$$(■ - ●) \times ▲ = ■ \times ▲ - ● \times ▲$$

まとめ

次のような計算のきまりがある。
$$(■ + ●) \times ▲ = ■ \times ▲ + ● \times ▲$$
$$(■ - ●) \times ▲ = ■ \times ▲ - ● \times ▲$$

㋐
$$(8 + 17) \times 6 = 8 \times \underset{6}{□} + 17 \times \underset{6}{□}$$

㋑
$$(14 - 4) \times 9 = \underset{14}{□} \times 9 - \underset{4}{□} \times 9$$

**4**

㋒ $104 \times 25 = (100 + 4) \times 25$
$= 100 \times 25 + 4 \times 25$
$= 2500 + 100$
$= 2600$

㋓ $96 \times 25 = (100 - 4) \times 25$
$= 100 \times 25 - 4 \times 25$
$= 2500 - 100$
$= 2400$

## 3 見つけた計算のきまりをまとめよう

T　数字を記号で表してみましょう。4を■，16を●，5を▲としてかいてみよう。

　　板書を写すのではなく，ひとりひとりが考えて書くようにしてみる。

$$(4 + 16) \times 5 = 4 \times 5 + 16 \times 5$$
$$\downarrow$$
$$(■ + ●) \times ▲ = ■ \times ▲ + ● \times ▲$$

$$(16 - 4) \times 5 = 16 \times 5 - 4 \times 5$$
$$\downarrow$$
$$(■ - ●) \times ▲ = ■ \times ▲ - ● \times ▲$$

「× ▲」を1つにまとめることができるんだね

　　学習のまとめをする。

T　計算のきまりを使って□にあてはまる数を考えましょう。
　㋐　$(8 + 17) \times 6 = 8 \times □ + 17 \times □$
　㋑　$(14 - 4) \times 9 = □ \times 9 - □ \times 9$

## 4 計算のきまりを使って工夫して計算しよう

㋒ $104 \times 25$　　㋓ $96 \times 25$

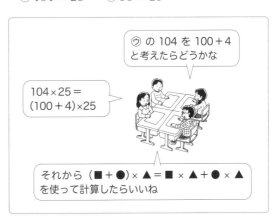

㋒ の 104 を 100 + 4 と考えたらどうかな

$104 \times 25 = (100 + 4) \times 25$

それから $(■ + ●) \times ▲ = ■ \times ▲ + ● \times ▲$ を使って計算したらいいね

C　㋓は，$96 = 100 - 4$ と考えて
　$(■ - ●) \times ▲ = ■ \times ▲ - ● \times ▲$を使おう。
　$96 \times 25 = (100 - 4) \times 25$

　ふりかえりシートが活用できる

# 計算のきまりを使った計算

板書例

## 計算のきまりを使って計算しよう

**1**
① $28 + 85 + 15 = 28 + 100$
$= 128$

② $76 \times 25 \times 4 = 76 \times 100$
$= 7600$

たし算だけ，かけ算だけなら
順番を入れかえても
答えは変わらない

③ $6 + 7 = 7 + \boxed{6}$

④ $8 \times 6 = 6 \times \boxed{8}$

かけ算のきまり

**2**
| $16 \times 18 = 288$ を使って |

⑤ $16 \times 180 = 16 \times 18 \times 10$
$= 288 \times 10$
$= 2880$

⑥ $160 \times 180 = 16 \times 10 \times 18 \times 10$
$= 16 \times 18 \times 100$
$= 28800$

$16 \times 18 = 288$      $16 \times 18 = 288$
$\downarrow \boxed{\times 2} \downarrow \boxed{\times 2}$      $\downarrow \boxed{\div 2} \downarrow \boxed{\div 2}$
$16 \times 36 = 576$     $16 \times 9 = 144$

・かける数を○倍にすると積も○倍になる。
・かける数を ÷□ にすると積も ÷□ になる。

POINT かけ算やわり算のきまりを，子どもたち自身が発見できるように間をとりながら進めます。子どもたちがきまりを発見でき

## 1 たし算とかけ算の計算のきまりを使って，工夫して計算しよう

①　$28 + 85 + 15$　②　$76 \times 25 \times 4$

C　たし算だけ，かけ算だけの式だと，先にまとめて計算しても答えは変わらなかったね。

C　①は，$28 + (85 + 15) = 28 + 100$
こうして 100 をつくれば，暗算でもできそうです。

C　②も，$76 \times (25 \times 4) = 76 \times 100$
かけ算もこうして 100 をつくれば，楽に計算できます。

T　次の□に入る数は何でしょう。
③　$6 + 7 = \square + 6$　④　$8 \times 6 = \square \times 8$

「結合法則」「交換法則」について学習する。

## 2 16×18＝288を使って計算しましょう

⑤ $16 \times 180$　⑥ $160 \times 180$

⑤の $16 \times 180$ は，
$16 \times 18 \times 10$ と
考えられるから
$16 \times 180 = 2880$

⑥の $160 \times 180$ は，
$16 \times 18 \times 100$ となる
から答えは 28800 だね

T　では，$16 \times 36$ の答えはどうでしょう。

C　かける数が 2 倍になると積も 2 倍になると思うな。

T　$16 \times 9$ だとどうなるでしょう。

C　今度は，かける数が ÷ 2 になっているから，積も ÷ 2 になると思います。

実際に計算をして，積が 2 倍と ÷ 2 になっていることを確かめる。
かけ算のきまりをまとめる。

**3**

$$24 \div 6 = 4 \text{ を使って}$$

⑦　$24 \div 12$

$24 \div 6 = 4$

↓ ×2　↓ ÷2

$24 \div 12 = 2$

⑧　$24 \div 3$

$24 \div 6 = 4$

↓ ÷2　↓ ×2

$24 \div 3 = 8$

わり算のきまり

・わる数を○倍にすると商は $\div$ ○になる。
・わる数を $\div$ □にすると商は□倍になる。

**4**　〈工夫して計算しよう〉

①　$29 + 77 + 23 = 29 + 100 = 129$

②　$47 \times 25 \times 4 = 47 \times 100 = 4700$

③　$102 \times 42 = (100 + 2) \times 42 = 4284$

④　$14 \times 15 = 210$ を使って計算しましょう。

　ア　$14 \times 150 = 2100$

　イ　$14 \times 30 = 420$

　ウ　$14 \times 5 = 70$

⑤　$72 \div 12 = 6$ を使って計算しましょう。

　ア　$72 \div 24 = 3$

　イ　$72 \div 6 = 12$

　ウ　$72 \div 4 = 18$

---

たり，活用できたりしたら賞賛しましょう。

## 3　24÷6＝4を使って計算しましょう

　⑦ $24 \div 12$　⑧ $24 \div 3$

C　かけ算と同じようにわる数を2倍にすると，答えも2倍になったりするのかな？

> $24 \div 12 = 2$
> わる数を2倍にすると，商は $\div 2$ になったよ。

> $24 \div 3 = 8$
> わる数を $\div 2$ にすると，商は2倍になるね。

T　では，わる数6を2にすると商はどうなるでしょうか。

C　わる数が $\div 3$ になっているから，商は3倍の12になります。

C　わり算はかけ算とちがって逆になるんだね。

　わり算のきまりをまとめる。

## 4　学習した計算のきまりを使って工夫して計算練習をしよう

①　$29 + 77 + 23$ （結合法則）

②　$47 \times 25 \times 4$ （結合法則）

③　$102 \times 42$ （分配法則）

④　$14 \times 15 = 210$ を使って計算しましょう。

　ア　$14 \times 150$

　イ　$14 \times 30$

　ウ　$14 \times 5$

⑤　$72 \div 12 = 6$ を使って計算しましょう。

　ア　$72 \div 24$

　イ　$72 \div 6$

　ウ　$72 \div 4$

ふりかえりシートが活用できる

板書例

# ●のこ数をいろんな方法で求めよう

**1** 1つの式に表そう

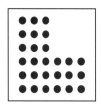

**2** A
$(3 \times 3) \times 3 = 27$

B
$6 \times 6 - 3 \times 3 = 27$

**3** C
$(6 + 3) \times 3 = 27$

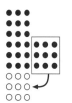

D
$3 \times (6 + 3) = 27$

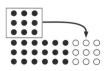

まとめ

1つの式から，
どのような考え方を
したのかを読み取る
ことができる。

POINT 答えの求め方は一通りではなく多様な考え方ができることや，友だちの考えを推理することを楽しめるようにする。

## 1 ●の個数を，いろいろな考え方で求めましょう

> 3つのかたまりがあるように見えたから，それで求めよう

> 無いところにも●があると考えて，ひき算を使って求めよう

T 求め方を1つの式に表しましょう。どんな考えで求めたかを，図と式，文を使ってまとめておきましょう。

　右のように図を印刷した用紙を子どもに3枚程度配布する。
　それをノートに貼り，図を使い，文を書き加えて説明し，1つの式に表してまとめておくように指導する。

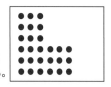

T 1つできたら，ほかの求め方もできないか考えましょう。

## 2 ペアで，求め方を説明し合いましょう

> 右図のように3×3のかたまりが，3つあると考えて，
> $(3 \times 3) \times 3 = 27$
> ※（ ）はなくていい

A

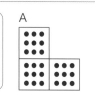

> 図のように○があると考えたら6×6＝36。
> 実際にはないので
> 3×3をひくから
> $6 \times 6 - 3 \times 3 = 27$

B

> 図のように動かすと，縦の列が6＋3で，それが横に3列並ぶから，
> $(6 + 3) \times 3 = 27$

C

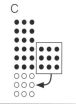

**4** <●の数を求めよう>

式を見てどんな求め方をしているか考えよう

ア　6×(6＋1)÷2　　イ　(4＋3)×3　　ウ　6÷2×(6＋1)

　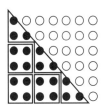　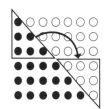

**3** どんな考え方をしたのか，式を見て
考えよう

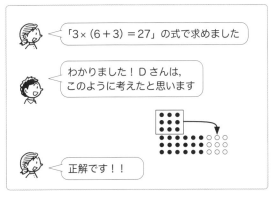

「3×(6＋3)＝27」の式で求めました

わかりました！Dさんは，
このように考えたと思います

正解です！！

　もしも，Dさんが「少し違います。」と言えば，少しだけ違うのはどこかを考えて話し合いができる。

　このように，書いた本人が発表するよりも，友だちが推測して話し合うことで考えを深められる。

**4** ●の個数の求め方を1つの式に表して
話し合おう

T　みんなが考えた式を黒板に書いてもらいます。自分と同じ式はありますか。友だちの書いた式を見て，どんな求め方をしているか考えましょう。

（例）ア　6×(6＋1)÷2　　イ　(4＋3)×3
　　　ウ　6÷2×(6＋1)

ア　●と○を合わせ個数を半分にします。。

イ　4個のかたまりと，3個のかたまりが，
　　3個ずつあると考えます。

ウ　●の一部を移動させて長方形にします。

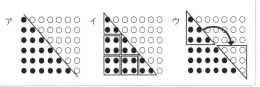

ふりかえりシートが活用できる。

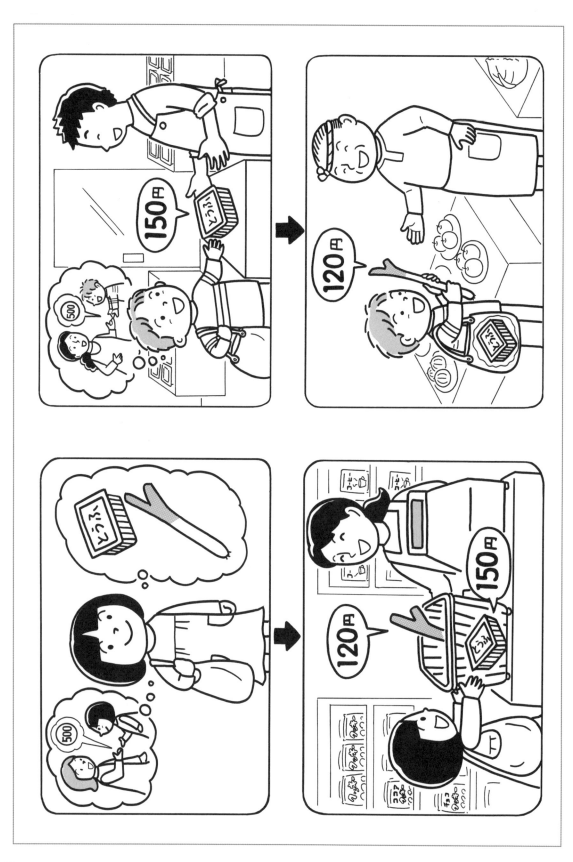

# やってみよう　いろいろな数になる式を作ろう

## ねらい
いろいろな式を作る活動によって、計算のきまりの理解を深める。

準備物
・+、−、×、÷の記号カード各3枚

パズルのように記号をあてはめながら、計算のきまりの理解を深めていきます。正しく計算のきまりを使えているか、班で協力して進めるとよいでしょう。

## 手順
① 黒板に3を4個書きます。

② 3を4個と、+、−、×、÷、( )を使って答えが1になる式を作るように指示します。

③ 同じ記号を何回使ってもよいし、使わない記号があってもよいことを告げます。

④ 考える時間をとり、答えが1になる式を考えさせます。

⑤ 児童にどの記号を使うか発表させ、記号カードを使って式を計算します。

⑥ 3を4個と、+、−、×、÷、( )を使って答えが2〜10になる式を作ります。

⑦ 同様に、4を4個、5を4個を使って答えが1〜10になる式を作るように指示します。

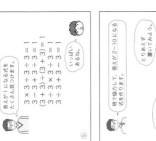

## 解答例

〈3〉
$$3 \div 3 \div 3 \div 3 = 2$$
$$(3 + 3 + 3) \div 3 = 3$$
$$(3 \times 3 + 3) \div 3 = 4$$
$$(3 + 3) \div 3 + 3 = 5$$
$$3 + 3 + 3 \div 3 = 6$$
$$3 + 3 + 3 \div 3 = 7$$
$$3 \times 3 - 3 \div 3 = 8$$
$$3 \times 3 \times 3 \div 3 = 9$$
$$3 \times 3 + 3 \div 3 = 10$$

〈4〉
$$4 \div 4 \div 4 \div 4 = 1$$
$$4 \div 4 + 4 \div 4 = 2$$
$$(4 + 4 + 4) \div 4 = 3$$
$$(4 - 4) \times 4 + 4 = 4$$
$$(4 \times 4 + 4) \div 4 = 5$$
$$(4 + 4) \div 4 + 4 = 6$$
$$4 + 4 - 4 \div 4 = 7$$
$$4 + 4 + 4 - 4 = 8$$
$$4 + 4 + 4 \div 4 = 9$$

※4を4個使って答えが10になる式は作れません。

〈5〉
$$5 - 5 + 5 \div 5 = 1$$
$$5 \div 5 + 5 \div 5 = 2$$
$$5 - (5 + 5) \div 5 = 3$$
$$(5 \times 5 - 5) \div 5 = 4$$
$$(5 - 5) \times 5 + 5 = 5$$
$$(5 \times 5 + 5) \div 5 = 6$$
$$(5 + 5) \div 5 + 5 = 7$$
$$5 + 5 - 5 \div 5 = 9$$
$$5 + 5 + 5 - 5 = 10$$

※5を5個使って答えが8になる式は作れません。

# 垂直・平行と四角形

全授業時数 11 時間

◎ 学習にあたって ◎

### <この単元で大切にしたいこと>

「垂直と直角はちがうの，同じなの？」と聞かれたら，子どもたちにどう説明しますか。

直角とは，90°で交わる角の形を表す言葉です。垂直とは，2直線が
90°に交わる直線の関係を表す言葉です。直角という形は目で見てわか
りますが，垂直は2直線の関係なので，90°で交わっていなくてもよい
のです。右のような図形の⑦は直角とはいえませんが，⑦も⑦も垂直と
いえるのです。

垂直が理解できていないと，平行の定義「1本の直線に垂直な2本の
直線は平行である。」ができません。垂直と平行は図形学習の基本的な概念であり，平行四辺形・台形・ひし
形の定義や図形の性質，作図などの基礎になる学習です。

### <数学的見方考え方と操作活動>

1組の三角定規を使って，平行な直線をかいたり調べたりします。垂直や平行の作図指導では，三角定規や
分度器，コンパスの正しい操作の指導が大切です。

特に1組の三角定規を操作して行う垂直や平行の作図は，4年生で苦手な子もいますが，作図をすることで，
垂直・平行の意味や四角形の性質がよくわかってきます。。

### <個別最適な学び・協働的な学びのために>

四角形の導入では，子ども一人ひとりが自由にかいた四角形の共通点を見つけて，仲間分けをします。そし
て，それぞれの四角形の特徴を見つけ，みんなでそれを確かめ合うような学習を目指します。垂直や平行の概
念を得ていることで，四角形（平行四辺形，台形，ひし形，長方形，正方形）の特徴が明らかになります。

◎ 評　価 ◎

| 知識および技能 | 垂直・平行な2直線や，台形・平行四辺形・ひし形の性質とかき方を理解し，四角形を分類したり，作図したりできる。 |
|---|---|
| 思考力，判断力，表現力等 | 台形・平行四辺形・ひし形・長方形・正方形の辺の位置や長さ，角の大きさや対角線から，各四角形の性質について考える。 |
| 主体的に学習に取り組む態度 | 垂直・平行や台形・平行四辺形・ひし形の性質を，既習の図形の性質をもとに調べようとする。 |

| 時 | 題 | 目　標 |
|---|---|---|
| 1 | 垂直の意味 | 垂直とは，交わってできる角が直角になる 2 本の直線の関係であることがわかる。 |
| 2 | 垂直な直線の作図 | 1 組の三角定規を使って，垂直な直線をかくことができる。 |
| 3 | 平行の意味 | 2 直線の並び方を調べ，平行の意味を理解することができる。<br>三角定規を使って平行な直線を確かめる。 |
| 4 | 平行な直線と角度 | 平行な直線がほかの直線と交わってできる角 ( 同位角 ) の大きさは，等しいことがわかる。 |
| 5 | 平行な直線の作図 | 1 組の三角定規を使って，平行な直線をかくことができる。 |
| 6 | 方眼上の垂直・平行 | 方眼上の直線の垂直や平行の関係を理解し，読み取ったり，かいたりできる。 |
| 7 | 四角形の分類<br>( 台形・平行四辺形 ) | 四角形に平行な直線が何組あるかで，台形と平行四辺形に分けられることを理解する。 |
| 8 | 平行四辺形の性質 | 平行四辺形の性質を理解する。 |
| 9 | 平行四辺形の作図 | 指定された平行四辺形のかき方を考え，かけるようになる。 |
| 10 | ひし形の性質と作図 | ひし形の意味や性質を理解し，ひし形をかくことができる。 |
| 11 | 四角形の対角線 | 対角線の意味と，いろいろな四角形の対角線の特徴を理解する。 |

# 第 ① 時
# 垂直の意味

## 2本の直線の交わり方を調べよう

**1** 2本の直線が交わっているところの角を調べよう

⑦
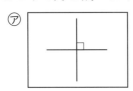

①

⑦
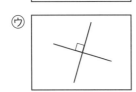

**2** 〈直角に交わる2本の直線をかこう〉

まとめ①

> 2本の直線が交わってできる角が
> 直角のとき，この2本の直線は
> すいちょく
> 垂直であるといいます。

（POINT） 垂直がかけるようにしましょう。垂直と直角の違いを説明しておきましょう。

**1** 2本の直線が交わっているところの角の大きさはどうなっていますか

2直線が交わっている3枚の図を⑦から順に提示する。

⑦は，直角になっています

①は，直角ではありません

⑦は，斜めになっているけど，交わっているところは直角です

C 三角定規をあててみれば確かめられるよ。
C くるっと見やすいように，図を回してみたらわかります。

**2** 2本の直線が直角に交わるように，点をつないでみよう

カードを数枚ずつ配り，自由に作図をさせる。
子どものかいたカードを紹介する。

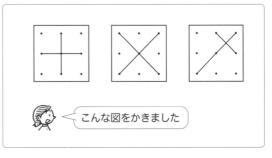

こんな図をかきました

T 2本の直線が交わってできる角が直角のとき，2本の直線は垂直であるといいます。
C 2本の直線が垂直になる他の図も考えよう。

学習のまとめ①を書く。

- QR ドットカード ( 児童用・板書用 )
- QR ふりかえりシート
- QR 動画「垂直と平行 ( 別案 )」]

ICT　スライド機能でドットカードを作成して配信すると，子どもが操作しながら，「垂直」の意味理解に繋げられる。

3 〈2 本の直線は垂直かな？〉

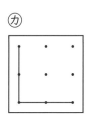
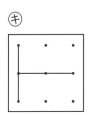
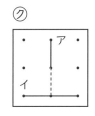

まとめ②

2 本の直線がじっさいに交わっていなくても，直線をのばして直角に交わる 2 直線は，垂直であるといいます。

4 〈いろいろな垂直〉

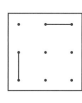

## 3　交わっていない2本の直線は垂直といえるのか考えよう

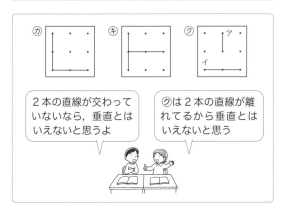

十字だけでなく，T 字や L 字の場合や，2 本の直線が離れている場合なども垂直といえることを説明する。

学習のまとめ②を書く。

## 4　もっとちがった形の垂直を考えましょう

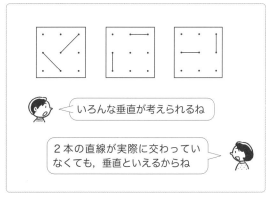

ふりかえりシートが活用できる。

＜「垂直」と「直角」のちがいは？＞
　直角と垂直を混同している子もいる。「直角」とは，角の形（角の大きさ），「垂直」とは 2 本の直線の交わり方（関係）を表している。

板書例

## <すいちょく>垂直な直線をかこう

**1**

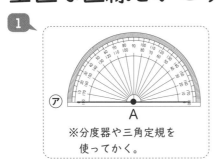

⑦

※分度器や三角定規を使ってかく。

**2**

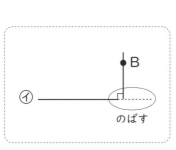

B

⑦

のばす

### 〈三角じょうぎを使って〉

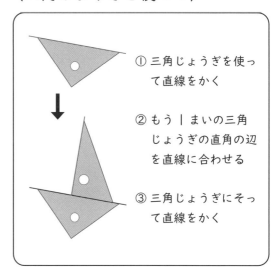

① 三角じょうぎを使って直線をかく

② もう1まいの三角じょうぎの直角の辺を直線に合わせる

③ 三角じょうぎにそって直線をかく

(POINT) 2枚の三角定規の置き方を工夫しながら，作図をたくさんしているうちに，三角定規の使い方に慣れていきます。

---

## **1** 点Aを通り直線⑦に垂直な直線をかきましょう

ワークシートを使って学習する。

C 垂直だから直線⑦と直角に交わる線をかけばいいね。

T 分度器や三角定規を使ってかいてみよう。

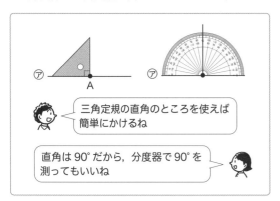

⑦　A　⑦

三角定規の直角のところを使えば簡単にかけるね

直角は90°だから，分度器で90°を測ってもいいね

ここでは，直角に交わっていることが意識できていれば良い。

## **2** 点Bを通り直線⑦に垂直な直線をかきましょう

C 点Bが直線⑦から離れているので，直線⑦をのばせばかけそうです。

作図の時間をとる。

T かいた直線が垂直な直線になっているか，2枚の三角定規を使って確かめます。

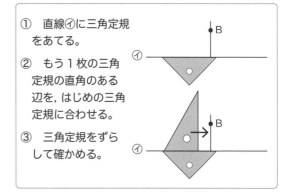

① 直線⑦に三角定規をあてる。

② もう1枚の三角定規の直角のある辺を，はじめの三角定規に合わせる。

③ 三角定規をずらして確かめる。

B

⑦

B

⑦

## 〈C を通る直線㋒に垂直な直線〉

**3**

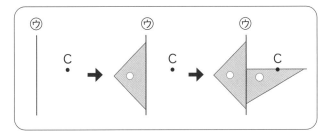

### まとめ

① ㋒の直線に三角じょうぎを合わせる。
② もう1枚の三角じょうぎの直角の辺を直線㋒に合わせる。
③ 点 C に合うように三角じょうぎをずらす。
④ 三角じょうぎがずれないようにしっかりおさえて，点 C を通る直線をかく。

**4**

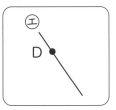 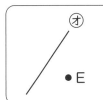 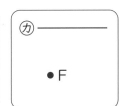

---

## 3 点 C を通り直線㋒に垂直な直線をかきましょう

C　今の垂直を確かめる方法を使えばかけそうだね。

まずは，自分で作図し，ペアで話し合った後，全体でかき方を確かめます。

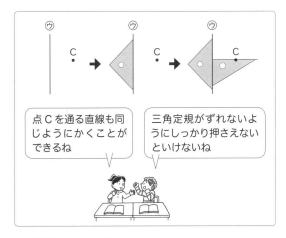

点 C を通る直線も同じようにかくことができるね

三角定規がずれないようにしっかり押さえないといけないね

学習のまとめをする。

## 4 2枚の三角定規を使って，垂直な直線をかく練習をしましょう

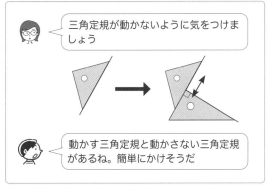

三角定規が動かないように気をつけましょう

動かす三角定規と動かさない三角定規があるね。簡単にかけそうだ

いろいろなパターンの垂直な2直線をかく練習をする。

ふりかえりシートが活用できる。

# 平行の意味

板書例

## ２本の直線のならび方を調べよう

**1**

① 〈直線あといい〉　② 〈直線かときき〉

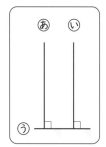

・はばが同じ
・うの直線に垂直
・どこまでいっても
　交わらない

・はばがちがう
・ききはくくの直線に
　垂直でない

**2** 〈直線さとしし
　　　平行かたしかめる〉

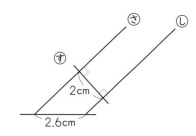

2cm

2.6cm

１本の直線すすに垂直な２本の直線
さ，ししは平行。

直線さ，ししのはばは，どこも 2cm。

まとめ　┃ １本の直線に垂直な２本の直線を平行といいます。

POINT　平行の定義がしっかり定着するように，1組の三角定規を使って平行の確認や作図を行います。

**1** ①と②の図を見て，気づいたことを話し合いましょう。

ワークシートを使って学習する。

①のあといいは上も下も同じ幅だけど，②のききとくくは上に行くほど幅が狭くなっている

あ，いいはどちらもうの直線に垂直だけど，ききは，くくの直線に垂直ではなくて，少し斜めになっているよ

C　①の２本の直線はどこまでいってもぶつからないけれど，②は直線をのばすとぶつかるよ。
T　①のあ，いいのような２本の直線を平行といいます。
　１本の直線に垂直な２本の直線は平行です。

**2** 直線さとししは平行か，確かめてみましょう

C　１本の直線に垂直な２本の直線は平行だから，直線さとししが直線すすに垂直か確かめればいいです。
C　垂直な直線は２枚の三角定規を使って確かめられます。
C　三角定規をずらしたら直線すすは，直線さ，ししに垂直になっているね。
T　直線さとししの幅は何cmですか。

　直線と直線の幅は，垂直に測ることを徹底する。
　学習のまとめをする。

| 準備物 | ・三角定規（児童用・板書用）<br>QR ワークシート<br>QR 板書用図<br>QR ふりかえりシート |

| ICT | 子どもが加筆した課題シートを共有して，子どもの言葉で考えを伝え合うことで，平行の意味理解に繋げられる。 |

**3** 〈直線⑦と平行な直線を見つけよう〉

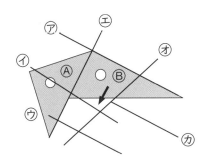

⑦に沿わせた三角定規Bに三角定規Aをそわせる。

Aの三角じょうぎは直線⑤にそって動かさない。

もう1つのBの三角じょうぎを直線⑦から三角じょうぎAの辺にそって移動させる。

**4** 〈平行な直線をかいてみよう〉

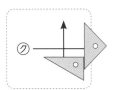

---

**3** 直線⑦に平行な直線を見つけよう

C 平行も三角定規を使ったら調べられそうだね

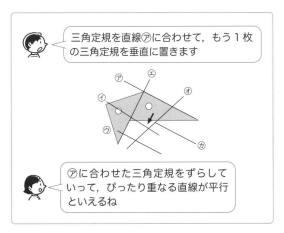

三角定規を直線⑦に合わせて，もう1枚の三角定規を垂直に置きます

⑦に合わせた三角定規をずらしていって，ぴったり重なる直線が平行といえるね

C ⑪と⑦にピッタリ重なったよ。⑦と平行な直線は，⑪と⑦になります。

**4** 平行な直線のかき方を考えよう

C 直線⑬，⑦にそれぞれ平行な直線をかきましょう。

C 直線⑬に垂直な直線をかけば，平行な直線がかけそう。

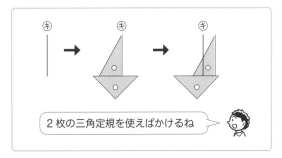

2枚の三角定規を使えばかけるね

この時間は，平行線が2枚の三角定規でかけることがわかれば十分。平行線のかき方は，第5時でさらに丁寧に指導する。

ふりかえりシートが活用できる。

# 平行な直線と角度

板書例

## 平行な直線と交わる直線にできる角度を調べよう

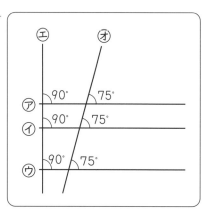

1

エと交わる角はすべて 90°
→直線⑦，⑦，⑨は平行

2

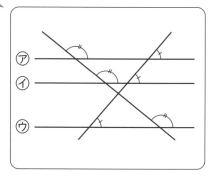

平行だと交わる直線の
同じ位置にできる角の大きさは
等しい

まとめ　平行な直線は，ほかの直線と等しい角度で交わる

POINT　平行な直線に垂直に交わっている場合のみ扱うのでは不十分です。平行な直線の作図が制限されることにもなります。

**1** 直線⑦〜⑨と直線エオが交わってできる角の大きさを調べましょう。

ワークシートで学習する。

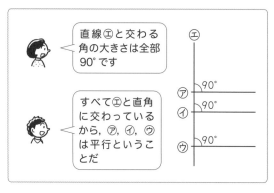

直線エと交わる角の大きさは全部90°です

すべてエと直角に交わっているから，⑦，⑦，⑨は平行ということだ

T　直線⑦と交わる角の大きさはどうですか。
C　⑦〜⑨すべて 75°になっています。
C　平行だと，どんな直線と交わっても，それぞれできた角の大きさは等しくなるのかな。

**2** 平行な直線に交わるいろいろな直線をひいて，交わる角の大きさを調べよう

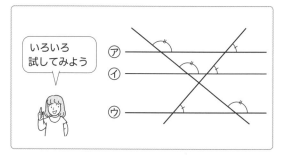

いろいろ試してみよう

C　もっといろいろな直線をかいて調べよう。
C　どんな直線でも，平行な直線と交わる角の大きさは等しくなるよ。
T　平行な直線は，ほかの直線と等しい角度で交わります。

ICT　子どもが加筆した課題シートを撮影・共有して，子どもの言葉で考えを伝え合うことで，角の意味理解に繋げられる。

3

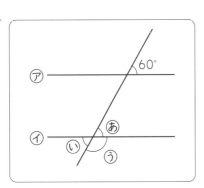

・角あ … 60°

・角う … 60°

・角い … 180° − 60°
　　　　　120°

4

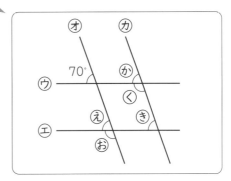

・角え … 70°　　　・角か … 70°

・角き … 70°

・角お
　180° − 70° = 110°

・角く … 110°

## 3　直線⑦と⑦が平行なとき，あ〜うの角の大きさを分度器を使わないで求めよう

C　見つけたきまりを使えば求められそうだ。

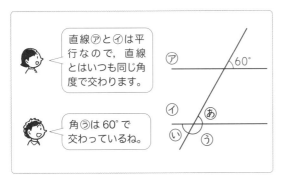

直線⑦と⑦は平行なので，直線とはいつも同じ角度で交わります。

角うは 60° で交わっているね。

C　角あが 60° なら，向かい合ういの角も同じ大きさの 60° です。　（対頂角）

C　角うは，180° − 60° = 120° になります。

あ〜うの角度を分度器で確認しておく。

## 4　平行な直線の性質を使って角の大きさを求めよう

T　直線⑦と①，直線⑦と⑦はそれぞれ平行です。
　え〜くの角の大きさを求めましょう。

C　⑦と①の直線，⑦と⑦の直線は，それぞれ平行だから，角えと角かは 70° になります。

C　角きも 70° になります。

C　角おは，180° − 70° = 110° です。角くも 110° です。

角え，か，きは同じ角度になる

同じ位置にある角の大きさは同じになるんだね

ふりかえりシートが活用できる。

# 平行な直線の作図

板書例

## 平行な直線をかこう

1⃣ 〈直線㋐に垂直な直線を 2 本かく〉

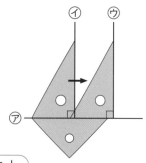

2⃣ 〈点イを通って，直線㋑に平行な直線〉

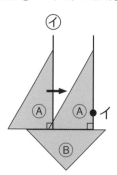

かき方１

① 三角じょうぎ㊀の直角のある辺を直線㋑に合わせる。
② 三角じょうぎ㊁を三角形じょうぎ㊀に合わせる。
③ 三角じょうぎ㊀をスライドさせて点イに合わせる。
④ 点イを通る直線をかく。

POINT　三角定規の直角を使ったかき方しか紹介していない教科書もあります。以外のやり方でもかけるようになると，図形の見方

## 1 直線㋐に垂直な直線を 2 本かいてみましょう

ワークシートで学習する。

> 直線㋐に三角定規をあてて，もう 1 枚の三角定規の直角のある辺を直線㋐に合わせて線をかく。少し三角定規をずらしてもう 1 本直線をかく

C　1 本の直線に垂直な 2 本の直線は平行です。
C　垂直な直線をかく方法で平行な直線がかけるね。
　第 2 時の学習をふりかえる。

## 2 点イを通って，直線㋑に平行な直線のかき方を考えよう

C　垂直の作図方法を使えばかけそうだ。
C　平行な直線をかくのだから，三角定規をスライドさせればかけると思う。

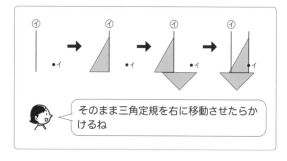

> そのまま三角定規を右に移動させたらかけるね

T　上手に三角定規をスライドさせ，もう一つの三角定規は動かないように気をつけましょう。

　「かき方 1」をまとめ，平行な線をかいてみる。

| 準備物 | ・三角定規 ( 児童用・板書用 ) | ICT | モニターに投影しながら，平行な線の引 |
|---|---|---|---|
| | QR ワークシート | | き方を子どもの言葉で伝え合うことで， |
| | QR 板書用図 | | かき方の理解に繋げられる。 |
| | QR ふりかえりシート | | |

**3**

〈点ウを通って，
　　直線⑦に平行な直線〉

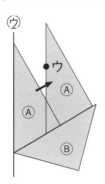

〈長方形をかいてみよう〉
　　学習を生かして

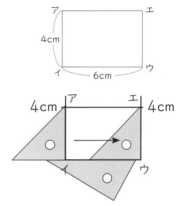

かき方2

① 三角じょうぎⒶの直角のない辺を直線⑦に合わせる。
② 三角じょうぎⒷを三角形じょうぎⒶに合わせる。
③ 三角じょうぎⒶをスライドさせて点ウに合わせる。
④ 点ウを通る直線をかく。

も豊かになります。

---

**3** 三角定規の直角のない辺を使って
平行な直線をかいてみましょう

T 右のように三角定規を
直線⑦に合わせて，平行
な直線がかけないでしょう
か。

試行錯誤の時間をつくる。

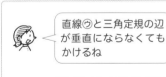

直線⑦と三角定規の辺
が垂直にならなくても
かけるね

平行な２本の直線と
ほかの直線は同じ角度
で交わるんだったね

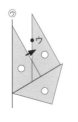

「かき方２」をまとめて，この方法で平行な線をかいてみる。

---

**4** 学習を生かして，縦 4cm 横 6cm の
長方形をかいてみよう

C 長方形の角は直角
だから，辺イウに
垂直な辺アイ，辺エウ
をかけばいいよ。

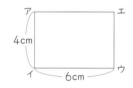

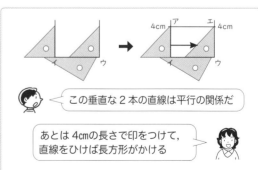

この垂直な２本の直線は平行の関係だ

あとは 4cmの長さで印をつけて，
直線をひけば長方形がかける

C 三角定規があれば，長方形がかけるように
なったね。

ふりかえりシートが活用できる。

# 方眼上の垂直・平行

**板書例**

## 方眼を使った垂直や平行がわかるようになろう

**1**

点 A を通って直線⑦に
垂直な直線，
平行な直線をかこう

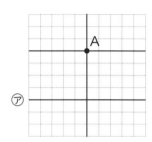

**2** 〈直線⑦に平行な直線を見つけよう〉

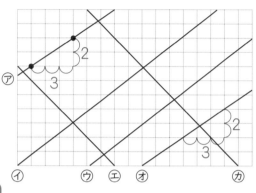

**3**

直線⑦（右3，上2）
直線㋔（右3，上2）〉平行

平行な直線は線のかたむきが同じ
マス目の数

POINT はじめは「右に○マス，上に○マス」と指で示しながら，丁寧に進めましょう。

---

**1** 点 A を通る直線⑦に垂直な直線と平行な直線をかきましょう。

ワークシートを使って学習する。

C 方眼のマスは正方形になっているから，線に沿ってかけばいいね。

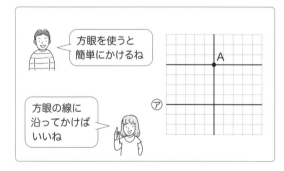

方眼を意識してかけるようにする。

**2** 三角定規を使って，直線⑦に平行な直線を見つけよう

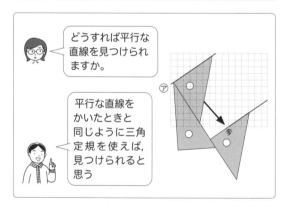

C 三角定規をずらしていってピッタリ重なる直線を探せばいいね。

C 直線㋔はピッタリ重なるから，平行な直線は㋔です。直線⑦と㋔は線の傾きが同じだね。

まずは，三角定規で平行を見つけ(既習)，次にその直線の傾きを調べるようにする。

直線⑦（右4，上3）　直線⑨（右4，上3）　　直線⑦と⑨は平行

直線⑨（右1，下1）　直線⑰（右1，下1）　　直線⑨と⑰も平行

まとめ

> 方眼にある直線をみるときには，
> 直線が方眼の交点と交わっている 2 つの点を見つけて，
> 右（左）にいくつ，上（下）にいくつとますの数から傾きを調べる。

**4**

〈点 B を通り，
　　直線⑰に平行な直線，垂直な直線〉

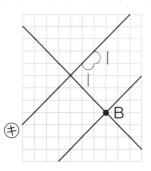

〈点 C を通り，
　　直線⑰や直線⑰に平行な直線〉

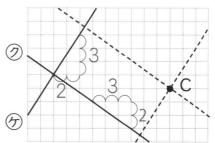

---

## 3 方眼のマスの数から直線⑦と⑦の傾きを調べよう

T　傾きを調べるときは，まず直線が方眼の交点と交わっているところを見つけます

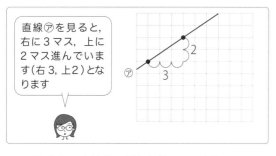

> 直線⑦を見ると，右に3マス，上に2マス進んでいます（右3，上2）となります

T　同じように直線⑦の傾きも調べてみよう。

C　直線⑦も右に3マス進むと，上に2マス進んでいます。

　ほかの直線の傾きも調べて，傾きから直線⑦と⑨，直線⑨と⑰が平行であることを見つける。

　学習のまとめをする。

## 4 方眼を利用して，点 B を通り直線⑰に平行な直線と垂直な直線をかこう

T　まずは，直線⑰の傾きを調べよう。

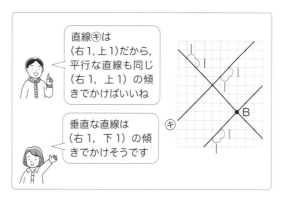

> 直線⑰は（右1，上1）だから，平行な直線も同じ（右1，上1）の傾きでかけばいいね

> 垂直な直線は（右1，下1）の傾きでかけそうです

T　点 C を通って，直線⑰や直線⑰に平行な直線をかきましょう。

　ふりかえりシートが活用できる。

四角形の分類
（台形・平行四辺形）

四角形に平行な直線が何組あるかで，台形と平行四辺形に分けられることを理解する。

板書例

# 四角形をかいてなかま分けしよう

1️⃣

2️⃣ 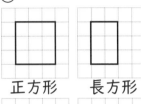 あ　　　　　い　　　　　う

正方形　　長方形

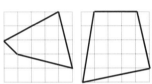

| 平行四辺形 | 台形 | 一般四角形 |
|---|---|---|
| 平行な直線が 2 組 | 平行な直線が 1 組 | 平行な直線組なし |

POINT　方眼を使うことで平行な辺が見つけやすくなります。

## 1 方眼カードに形のちがう四角形を3種類かきましょう

　方眼のカードを配る。
　方眼を使うことで，平行が見つけやすくなり，なかま分けもしやすくなる。

C　四角形だから，4本の直線をかいたらいいね。

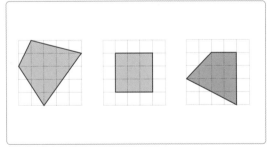

　方眼の線の交点に4箇所点をとり，それを直線で結んでかく。見本としていくつか紹介しながら進める。

## 2 四角形を3種類のなかまに分けよう

　子どもたちがかいたカードのうち数枚を，教師が3種類（あ，い，う）に分けて黒板に貼っていく。
　続けて，1枚ずつカードを全体に見せながら，どこに貼ればよいかを聞いていく。

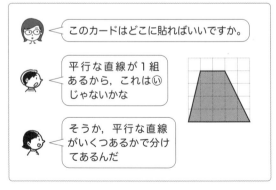

このカードはどこに貼ればいいですか。

平行な直線が1組あるから，これはいじゃないかな

そうか，平行な直線がいくつあるかで分けてあるんだ

　子どもたちは，しだいに，平行な直線に目を向けて四角形を捉えるようになる。

| 準備物 | ・（三角）定規（児童用・板書用）<br>QR 方眼カード<br>QR 板書用図<br>QR ふりかえりシート |
|---|---|

3 まとめ

・平行四辺形とは
　向かい合った2組の辺が平行な四角形

・台形とは
　向かい合った1組の辺が平行な四角形

4 〈台形や平行四辺形の続きをかこう〉

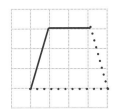
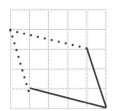

---

## 3 四角形を⑧⑥⑤に分けた理由は何ですか

T　正方形や長方形のように，四角形にはそれぞれ名前があります。

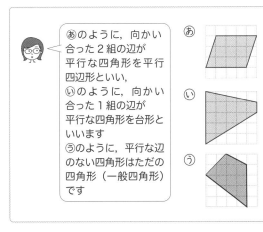

⑧のように，向かい合った2組の辺が平行な四角形を平行四辺形といい，
⑥のように，向かい合った1組の辺が平行な四角形を台形といいます
⑤のように，平行な辺のない四角形はただの四角形（一般四角形）です

学習のまとめをする。

## 4 台形や平行四辺形の続きをかこう

台形は1組の辺を平行にすればいい。

平行四辺形は2組の辺が平行だから，少し難しいな

　できたものを全体で紹介し，平行な直線が1組か2組かを確認する。方眼での確認が難しい場合は，三角定規等も使って，平行かどうかを確かめるのもいい。

ふりかえりシートが活用できる。

# 平行四辺形の性質

**板書例**

## 平行四辺形を調べよう

**1**
**2**

> ４まいの平行四辺形を
> しきつめよう

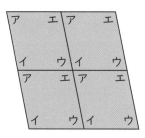

辺アイと辺エウ　同じ長さ

辺アエと辺イウ　同じ長さ

角アと角ウ　同じ大きさ

角イと角エ　同じ大きさ

**3**

〈辺の長さや角の大きさを調べよう〉

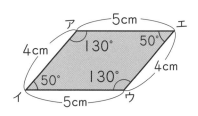

辺アイと辺エウ

辺アエと辺イウ

角アと角ウ

角エと角イ

POINT　4枚の平行四辺形をしきつめるだけで，平行四辺形の性質が自明のものとなります。

**1** 方眼紙４枚に同じ平行四辺形をかいて切り取りましょう

Ｔ　４枚に同じ平行四辺形をかきましょう。

> はさみで切り取って，同じ平行四辺形を４枚作りましょう

> 平行四辺形の形は，隣の人とちがっていいんだよ

> 大きさもちがうね

４枚の平行四辺形の頂点にそれぞれアイウエと印をつけておきましょう。

４枚を隙間なくしきつめる。

**2** 平行四辺形を敷き詰めると，辺の長さや角の大きさでわかることはありますか

> 辺エウと辺アイの長さが同じです

> 角ウと角アの大きさは同じです

> 辺イウと辺アエの長さが同じです

> 角イと角エの大きさも同じです

Ｔ　平行四辺形の性質をまとめます。平行四辺形の向かい合った辺の長さは等しく，向かい合った角の大きさも等しいです。

　一人ひとりちがう平行四辺形をしきつめているので，平行四辺形の大きさや形によらず，同じ性質であることがわかる。

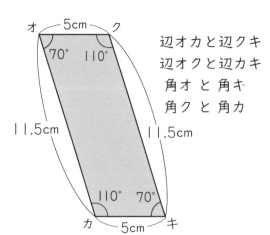

**④**

辺オカと辺クキ
辺オクと辺カキ
角オ と 角キ
角ク と 角カ

〈辺の長さや角の大きさを求めよう〉

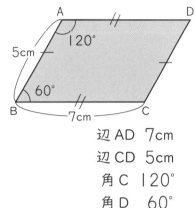

辺 AD　7cm
辺 CD　5cm
角 C　120°
角 D　　60°

| まとめ | 平行四辺形の<br>向かい合った辺の長さは等しい。<br>向かい合った角の大きさも等しい。 |  |
| --- | --- | --- |

---

## 3　平行四辺形の性質を確かめよう

ワークシートで学習する。

Ｔ　2つの平行四辺形の辺の長さや角の大きさをそれぞれ調べましょう。

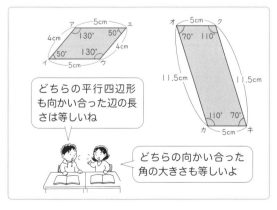

どちらの平行四辺形も向かい合った辺の長さは等しいね

どちらの向かい合った角の大きさも等しいよ

学習のまとめをする。

## 4　平行四辺形の辺の長さや角の大きさを求めよう

ワークシートで学習する。

Ｔ　平行四辺形の辺の長さや，角の大きさを定規や分度器を使わずに求めましょう。

Ｃ　平行四辺形の向かい合った辺の長さや，向かい合った角の大きさが等しい性質を使えば，求められるね。

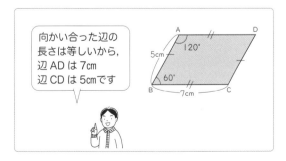

向かい合った辺の長さは等しいから，辺 AD は 7cm
辺 CD は 5cmです

ふりかえりシートが活用できる。

# 平行四辺形の作図

板書例

## 平行四辺形をかこう

**1** 平行四辺形 ABCD

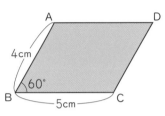

はじめに

① 辺 BC をかく

↓

② 点 B で 60° をはかる

↓

③ 点 A を決める

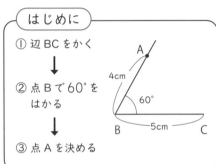

**2** 点 D の決め方①

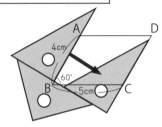

④ 点 A を通って，直線 BC に平行な直線をかく。

⑤ 点 C を通って，直線 AB に平行な直線ををかき，④でかいた直線と交わった点を D とする。

平行四辺形の向かい合った2組の辺は平行

POINT　点 D の位置をどうやって決めるのか，平行四辺形の定義や性質をふりかえって考えるようにします。

**1** 平行四辺形 ABCD をかきましょう

ワークシートを使って学習する。

T　定規と分度器を使い，ABC までかきましょう。
黒板で教師が①〜③の順にかきます。

同じようにかいてみましょう

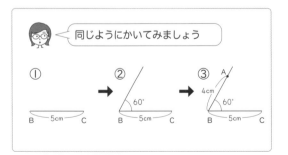

C　点 D の位置がわかれば平行四辺形がかけるね。

C　点 D はどうやって決めたらいいのかな。

はじめの①〜③が全員かけるように進める。

**2** 点 D の位置を，平行四辺形の特徴を使って考えよう

C　平行四辺形は向かい合った2組の辺が平行だったね。

C　辺 AB や辺 BC に平行な線をかけばいいね。

点 A を通って，直線 BC に平行な直線をかく

次に，点 C を通って，直線 AB に平行な直線をかく

平行四辺形 ABCD がかける

かき方の④と⑤と，平行四辺形の特徴を書く。

準備物
・三角定規・コンパス・分度器
QR ワークシート
QR 板書用図
QR ふりかえりシート

ICT モニターに動作を投影しながら考えを伝え合うことで，様々なかき方を理解し，考えを深めることができる。

**3** 点 D の決め方②

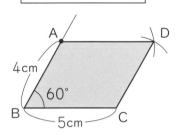

④ 点 A から 5cmのところに印をつける。

⑤ 点 C から 4cmのところに印をつけて，④でかいた線と交わった点を D とする。

平行四辺形の向かい合った2組の辺の長さは等しい

**4** 角 B を 90°にすると

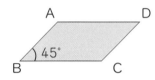  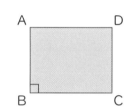

長方形は平行四辺形の特別な形

## 3 コンパスを使って平行四辺形をかく方法を考えよう

T コンパスは長さの印をつける道具としても使えますね。

①〜③の順で，ABC をかいたところからの続き。

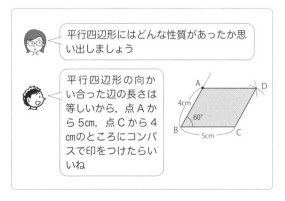

平行四辺形にはどんな性質があったか思い出しましょう

平行四辺形の向かい合った辺の長さは等しいから，点 A から 5cm，点 C から 4cmのところにコンパスで印をつけたらいいね

かき方の④と⑤，平行四辺形の性質をまとめる。

## 4 長方形はどんな図形か考えよう

T 隣り合う辺の長さが 4cm，5cmで，角 B の大きさが 45°の平行四辺形をかきましょう。

T 次は，角 B の大きさが 90°の平行四辺形をかきましょう。

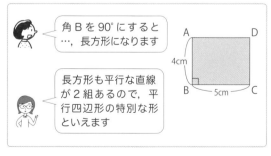

角 B を 90°にすると…，長方形になります

長方形も平行な直線が 2組あるので，平行四辺形の特別な形といえます

ふりかえりシートが活用できる。

板書例

## 2つの平行四辺形をくらべよう

**1**　⑦

ア ―― 4cm ―― エ
4cm　120°　60°
60°　120°　4cm
イ ―― 4cm ―― ウ

　イ

**2**　⑦

オ ―― 4cm ―― ク
120°　60°
5cm　60°　120°　5cm
カ ―― 4cm ―― キ

**2**　コンパスを使って辺の長さが等しい四角形をかこう

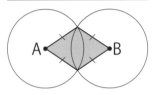

| 同じところ |
・向かい合っている角の大きさは同じ
・向かい合っている辺の長さは同じ
・⑦も⑦も平行四辺形

| ちがうところ |
・⑦　すべての辺の長さが同じ

　　　↓

　⑦　ひし形

① 自由に点A・点Bをうつ。
② 点A・点Bを中心に半径が等しい円を2つかく。
③ 2つの円の交点と点A・点Bを直線でつなぐ。

向かい合った辺や角について
調べる　➡　ひし形

POINT 辺の長さ，角の大きさによって「平行四辺形」→「ひし形」→「正方形」となっていく図形の面白さが味わえるようにしま

## 1　2つの平行四辺形の同じところと，ちがうところを見つけよう

ワークシートを使って学習する。

T　辺の長さや角の大きさを調べてみよう。

C　⑦も⑦も向かい合ってる角の大きさは同じ。

C　向かい合っている辺の長さは等しい。

どちらも向かい合っている辺の長さは同じだよ

⑦の方は，すべての辺の長さが同じというところが，⑦と違うね

T　⑦のように，辺の長さがすべて等しい平行四辺形をひし形といいます。

## 2　コンパスを使って辺の長さがすべて等しい平行四辺形（ひし形）をかこう

T　半径が等しい2つの円の一部分が重なるよう円の中心になる点を2つうちましょう。

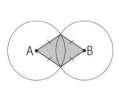

① 自由に点を2つうつ。
　（点A・点B）
② 点A・点Bを中心に半径が等しい円を2つかく。
③ 2つの円の交点と点A・点Bを直線でつなぐ。

T　①，②，③で作図したものがどうしてひし形といえますか。

C　2つの円の半径は同じ長さで，4つの辺は円の半径になっているので，4つの辺の長さは等しい。だから，「ひし形」です。

**3** まとめ

> ひし形…4つの辺の長さがすべて等しい四角形。
> 向かい合った辺は平行で，
> 向かい合った角の大きさは等しい。

**4** 〈ひし形をかこう〉

① 4cmの直線 AB をひく。

② B の角を 60°にとる。

③ 4cmの直線 BC をひく。

④ 点 A と点 C を中心に
半径 4cmの円をかく。

⑤ 2 つの円の交点と，点 A，
点 C を直線でつなぐ。

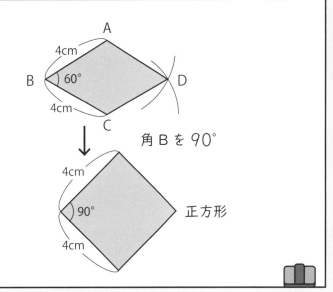

角 B を 90°

正方形

しょう。

## 3 「ひし形」の性質を確かめよう

T 辺の長さがすべて等しい四角形（ひし形）がかけました。では，かいた四角形が平行四辺形でもあるかどうかを調べてみましょう。

向かい合った辺は平行です

向かい合った角の大きさは等しいです

向かい合った 2 組の辺は平行で，向かい合った辺の長さや角の大きさも同じだから「平行四辺形」もあるね

「ひし形」の定義や性質についてまとめる。

## 4 辺の長さが 4cm で角 B の大きさが 60°の ひし形をかきましょう

ひし形の図を示し，ひし形のかき方を考える。

┌─ ひし形のかき方の例 ─┐

① 4cmの直線 AB をひく。

② B の角を 60°にとる。

③ 4cmの直線 BC をひく。

④ 点 A と点 C を中心に半径 4cmの円をかく。

⑤ 2 つの円の交点と，点 A，点 C を直線でつなぐ。

T 角 B の大きさが 90°だと，どんなひし形になるでしょうか。

C 正方形になりました。

C 角の大きさが 90°のひし形は正方形になるね。

ふりかえりシートが活用できる。

# 第 11 時
## 四角形の対角線

本時の目標：対角線の意味と，いろいろな四角形の対角線の特徴を理解する。

板書例

## 四角形の対角線を調べよう

1

 ⑦　 ⑦　 ⑦　 ⑦　 ⑦   ⑦

2

3　四角形の向かい合う頂点をつないだ直線…　| 対角線 |

| 四角形の名前　　　四角形の対角線の特ちょう | 台形 | 平行四辺形 | ひし形 | 長方形 | 正方形 |
|---|---|---|---|---|---|
| ① 2本の対角線の長さが等しい |  |  |  | ○ | ○ |
| ② 2本の対角線がそれぞれの真ん中で交わる |  | ○ | ○ | ○ | ○ |
| ③ 2本の対角線が垂直に交わる |  |  | ○ |  | ○ |

POINT　三角定規やコンパスを使って，それぞれの四角形の対角線の特徴を見つけます。それをクラス全体で出し合って，それぞれ

## 1　四角形の向かい合う頂点を直線でつなごう

ワークシートを使って学習する。

向かい合うのは，点Aと点C，点Bと点Dです。2本の直線が引けました

T　この2本の直線を対角線といいます。⑦〜⑦の四角形にも対角線をかきましょう。

　　対角線の長さや交わり方を観察しながら，対角線をかくよう伝える。

C　対角線が垂直に交わる四角形もあるな。

C　2本の対角線の長さが同じものと違うものがある。

## 2　対角線について，3つの観点で調べよう

T　⑦〜⑦の四角形の対角線について，次の①〜③のことをコンパスや三角定規，分度器などを使って調べよう。

① 　2本の対角線の長さが等しい。

② 　2本の対角線がそれぞれの真ん中で交わる。

③ 　2本の対角線が垂直に交わる。

C　①と②については，コンパスで調べたらいいね。

C　③は，三角定規（分度器）で調べよう。

72

まとめ │ それぞれの四角形には特ちょうがあるから，対角線も，四角形によって決まっている。対角線を見ると，四角形の種類がわかる。

**4**

〈対角線を利用して四角形をかこう〉

① 対角線の長さが 4cm の正方形

② 対角線の長さが 4cm と 6cm のひし形

③ 対角線の長さが 6cm の長方形

形が定まらない

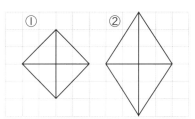

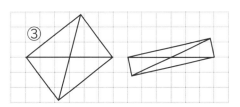

---

の四角形の対角線の特徴をまとめていきます。

**3 対角線の特徴を表にまとめよう**

T あてはまるものに○をつけましょう。

表にまとめていくときは，ひとつひとつ図形と照らし合わせながら確認していく。

正方形と長方形では，対角線の長さは等しい

正方形とひし形では，対角線が垂直に交わる

正方形と長方形では，対角線が真ん中で交わり，かつ同じ長さでした

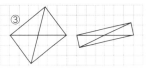

C 平行四辺形は，長さは違うけどそれぞれの対角線の真ん中で交わっています。

各グループで調べたことを全体で確認して表にまとめる。

**4 方眼用紙に対角線の特徴を使って四角形をかこう**

①対角線の長さが 4cm の正方形

②対角線の長さが 4cm と 6cm のひし形

③対角線の長さが 6cm の長方形

正方形とひし形は対角線が垂直だから，方眼を使うと簡単にかける

T 長方形は垂直に交わっていないから，方眼はあまり役に立ちません。

C いろんな形の長方形がかけてしまう。

ふりかえりシートが活用できる。

**垂直・平行と四角形 第6時**

名
前

① 方眼を使って，点Aを通って，直線⑦に垂直な直線と，平行な直線をかきましょう。

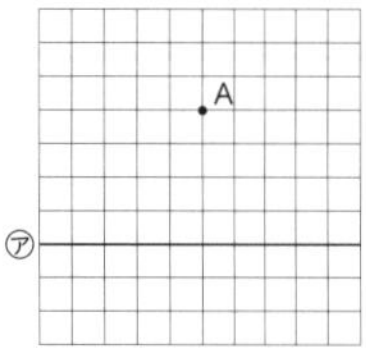

② 三角定規を使って，直線⑦に平行な直線を見つけましょう。

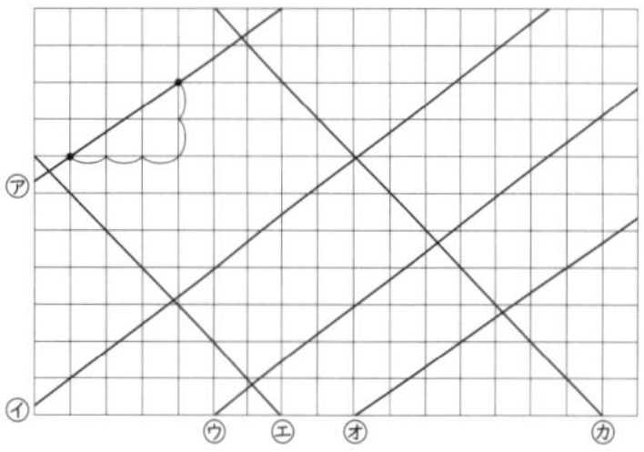

答え ＿＿＿＿＿＿＿＿＿

＜方眼のますの数を調べよう＞

直線⑦（右　　　，上　　　）　　直線⊕（　　　　　　　）
直線④（　　　　　　　）　　　　直線⑰（　　　　　　　）
直線⑦（　　　　　　　）　　　　直線⑫（　　　　　　　）

③ 点Bを通って，直線⊕に垂直な直線と平行な直線を方眼のますを数えてかきましょう。

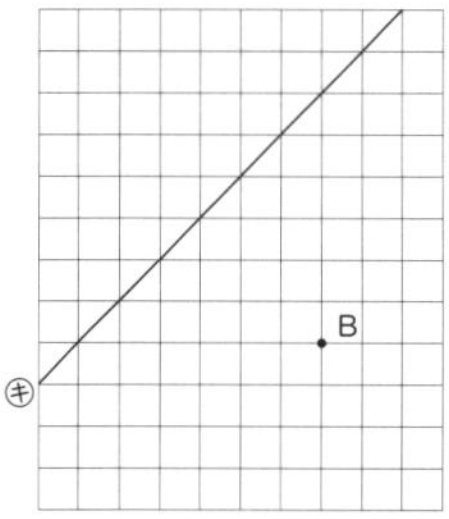

④ 点Cを通って，直線⑦や直線⑦に平行な直線を方眼のますを数えてかきましょう。

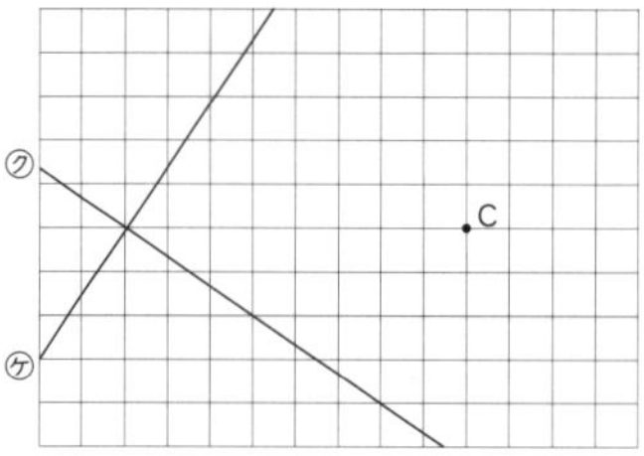

**垂直・平行と四角形 第11時**

名
前

① ⑦～⑦の四角形に対角線をかきましょう。

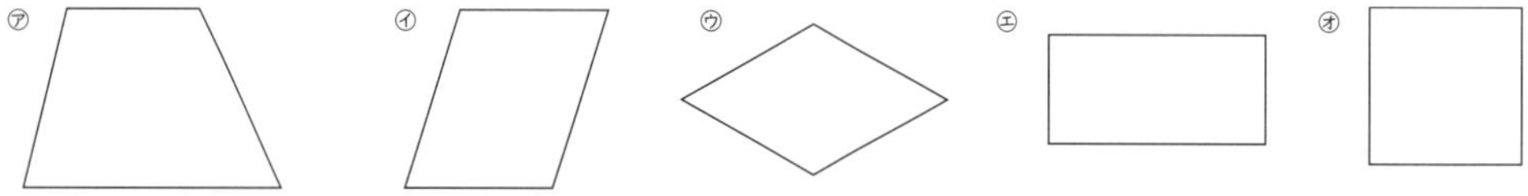

⑦　　　　④　　　　⑰　　　　⑦　　　　⑦

①～③の特ちょうでいつでもあてはまるものに○をつけましょう。

| 四角形の名前　　　　　　　　四角形の対角線の特ちょう | 台形 | 平行四辺形 | ひし形 | 長方形 | 正方形 |
|---|---|---|---|---|---|
| ①2本の対角線の長さが等しい | | | | | |
| ②2本の対角線がそれぞれの真ん中で交わる | | | | | |
| ③2本の対角線が垂直である | | | | | |

② 次の四角形をかきましょう。

①対角線の長さが4cmの正方形　　②対角線の長さが4cmと6cmのひし形　　③対角線の長さが6cmと6cmの長方形

# やってみよう

長方形の紙からできるだけ大きいひし形を作ってみよう

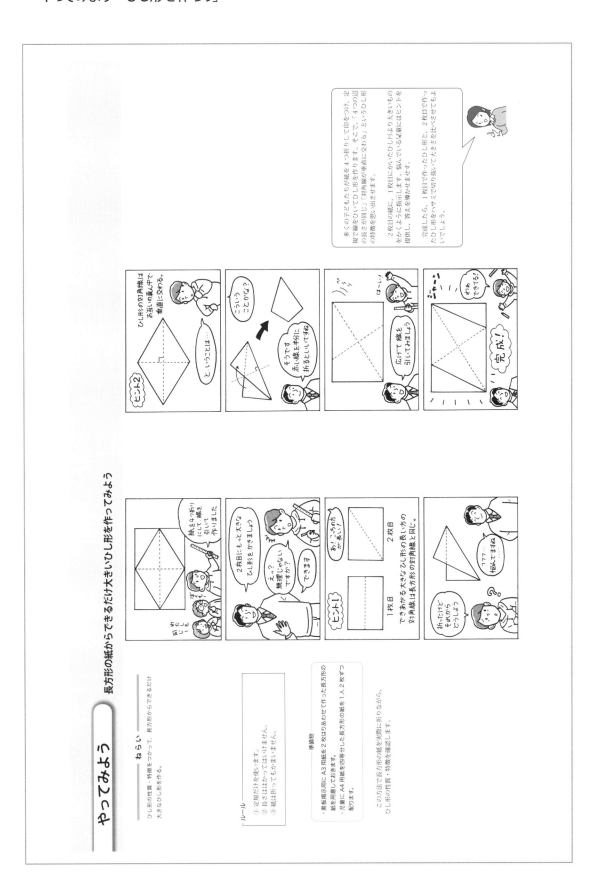

# 分　数

## ◎ 学習にあたって ◎

### <この単元で大切にしたいこと>

　　本単元は半端な量を表す分数の意味を深めます。数字だけの学習に陥ることがないように，具体物を図に表し，視覚的にとらえて学習できるようにします。それが，理解を確かなものにし，考える基礎になります。まず，具体物として液量から出発します。それを分数定規を使って子ども自らが図に表すことができるようにします。その図を活用することで，1 より大きな分数の仮分数と帯分数の関係を考えたり，同分母の加減計算の方法を考えることができるようになります。また，それをもとにすることで，長さの図や数直線も活用できるようになります。

### <数学的見方考え方と操作活動>

　　分数を図に表すことを分数定規を使って子ども自らができるようにします。その活動を通して視覚的に分数をとらえることができるようになります。そして，図を使って仮分数と帯分数の関係や同分母の加減計算を表し，理解したり，説明したりできるようになります。また，分数の大小関係や同値分数を調べる活動では，数直線が活用できるようにします。

### <個別最適な学び・協働的な学びのために>

　　数字や言葉だけで話し合うのではなく，自らが表す図を使って考え方や解決方法を伝え合います。解決方法は一通りではありません。子どもたちは仮分数を帯分数になおす方法でも，帯分数の加減計算でも多様な考え方をします。それを図を使って説明することで互いに理解し合えるでしょう。その考え方の良さも認め合い，協働的な学びにつなげることができます。

## ◎ 評　価 ◎

| 知識および技能 | 分数の意味や表し方について理解を深め，1 よりも大きい分数を仮分数や帯分数で表すことができるとともに，同分母分数の加減計算の意味を理解し，できるようになる。 |
|---|---|
| 思考力，判断力，表現力等 | 図を活用して仮分数と帯分数の関係や同分母分数の加減計算の方法を考えてまとめたり，説明したりすることができる。 |
| 主体的に学習に取り組む態度 | 1 よりも大きく等しい分数を帯分数と仮分数の 2 通りの方法で表すことの面白さやそれぞれの良さに気づき，学習に活用しようとする。 |

## ◎ 指導計画 9時間 ◎

| 時 | 題 | 目標 |
|---|---|---|
| 1 | 真分数と仮分数 | 真分数と仮分数の意味を知り，図に表すことができる。 |
| 2 | 帯分数 | 帯分数の意味を知り，仮分数との関係を考えることができる。 |
| 3 | 帯分数➡仮分数 | 帯分数を仮分数に直す方法を考えて，できるようになる。 |
| 4 | 仮分数➡帯分数 | 仮分数を帯分数に直す方法を考えて，できるようになる。 |
| 5 | 分数の数直線 | 長さを分数で表したり，数直線上にある分数を読み取ったりすることができる。 |
| 6 | 大きさの等しい分数 | 表し方が異なっても，大きさが等しい分数があることを理解する。 |
| 7 | 分数のたし算・ひき算 | 同分母分数の加減計算の意味を理解し，真分数，仮分数の計算ができるようになる。 |
| 8 | 帯分数のたし算 | 同分母分数の帯分数の加法計算の仕方を理解し，計算ができるようになる。 |
| 9 | 帯分数のひき算 | 同分母分数の帯分数の減法計算の仕方を理解し，計算ができるようになる。 |

# 真分数と仮分数

板書例

## まほうの水は何 dL でしょうか？ ①

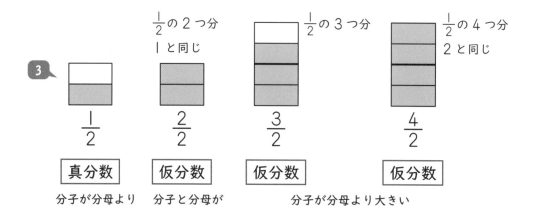

**1** ＜予想＞

・$\frac{1}{2}$ dL

・$\frac{1}{3}$ dL

$\frac{1}{2}$ dL

**2**

・２つ分で 1dL

・1dL を２つに分けた１つ分

$\frac{1}{2}$ の２つ分
１と同じ

$\frac{1}{2}$ の３つ分

$\frac{1}{2}$ の４つ分
２と同じ

**3**

$\frac{1}{2}$　　$\frac{2}{2}$　　$\frac{3}{2}$　　$\frac{4}{2}$

| 真分数 | 仮分数 | 仮分数 | 仮分数 |
|---|---|---|---|

分子が分母より
小さい

分子と分母が
等しい

分子が分母より大きい

POINT 「魔法の水は何 dL？」というクイズからの導入。そして，手作りの分数定規をひとりひとりにプレゼント。子どもたちの学

## 1 魔法の水は何 dL あるか，分数で予想してみましょう

1dL はないみたいだな。分数を使うとどういえばいいかな

$\frac{1}{3}$dL くらいだと思うな。みんな予想ができたから，1dL ますで調べてみよう

T　魔法の水を 1dL ますに入れてみます。正面から見たところを図に表します。

C　1dL を２つに分けた１つ分だから $\frac{1}{2}$dL です。

　学校に右図のような 1dL ますがない場合は，1L ますを使う。
　液体という具体物を黒板に貼れる半具体物に表して，図にしていく過程を大切にする。

## 2 $\frac{1}{2}$dL の図をノートにかいておこう

T　$\frac{1}{2}$ を図で表しましょう。とても便利な分数定規をプレゼントします。これでかいてみましょう。

　分数定規の使い方を伝える。板書用にも，厚紙（ベニヤ板）を切り抜いたもので，簡単に図がかけるものを準備しておく。

　$\frac{1}{2}$ がかけたら $\frac{2}{2}$，続けて $\frac{3}{2}$ もかいてみる。

【分数定規の作り方】

① （色）画用紙に右の図を印刷する。

② ラミネートする。

③ カッターで四角を切り抜く。

（全体の角も丸みをつけて切っておくと安全）

※これ１枚あればこの単元は OK！

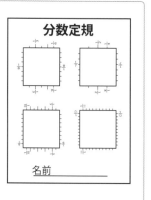

分数定規

名前＿＿＿＿＿

ICT 図の枠を配信し，自分で色を塗りながら数の大きさを確認していくと，分数の意味理解に繋げることができる。

まとめ

・真分数…分子＜分母
・仮分数…分子＝分母
　　　または分子＞分母

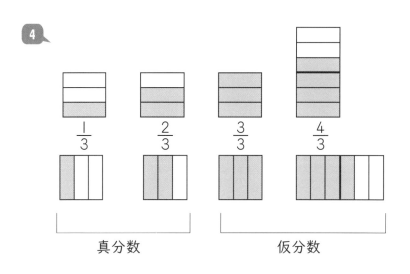

習意欲は高まります。

## 3 分数定規を使って分数をかいてみよう

T $\frac{1}{2}$，$\frac{2}{2}$，$\frac{3}{2}$ の図を並べてみましょう。

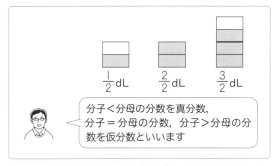

分子＜分母の分数を真分数，分子＝分母の分数，分子＞分母の分数を仮分数といいます

T 分数定規を使って $\frac{1}{3}$，$\frac{2}{3}$，$\frac{3}{3}$ をかいてみよう。

分母が 3 の分数を並べ，真分数と仮分数を学習する。真分数と仮分数の違いが図からはっきり理解できる。また，$\frac{3}{3}=1$ や $\frac{6}{3}=2$ であることも，図をかくことであたり前のように身につく。

分数定規を使うと，1 の大きさを変えずに図がかけて，量を表す分数のイメージが定着する。

## 4 分数定規を使って，どんどん図をかいてみよう

T もっと分数の図をノートにかいてみましょう。分母が 4，5，6，7 の分数も練習してみましょう。

図と合わせて真分数か仮分数かも書くようにする。

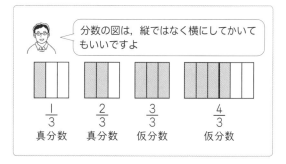

分数の図は，縦ではなく横にしてかいてもいいですよ

＜分数定規の出典＞
何森真人先生のホームページ「さんすうしぃ!!」(http://sanssouci.sakura.ne.jp) の『ワッとわく授業の上ネタ』倉庫より「特選！おたすけ教具」を参考にした。

ふりかえりシートが活用できる。

板書例

## まほうの水は何 dL でしょうか？ ②

**1** ＜予想＞　・1dL と $\frac{3}{4}$ dL

　　　　　　・2dL と $\frac{1}{3}$ dL

　　　　　　・2dL と $\frac{2}{3}$ dL

＜結果＞

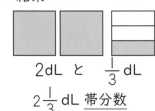

2dL と　$\frac{1}{3}$ dL

$2\frac{1}{3}$ dL 帯分数

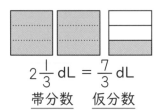

$2\frac{1}{3}$ dL ＝ $\frac{7}{3}$ dL

帯分数　　仮分数

**2**　・$\frac{3}{4}$, $\frac{2}{5}$　真分数

　　・$\frac{5}{3}$, $\frac{4}{2}$　仮分数

　　・$1\frac{1}{2}$, $2\frac{2}{3}$　帯分数

整数と真分数を合わせた表し方

まとめ

> $2\frac{1}{3}$ や $1\frac{1}{2}$ のように，整数と真分数の和で表されている分数を帯分数といいます。

POINT　分数定規を使って図をかく活動の中で，帯分数と仮分数の関係に気づいた子どもの発言を取り上げて進めます。

---

## 1 今日の魔法の水は何 dL でしょうか

T　今日もまずはクイズです。予想してみましょう。

T　1dL ますにうつしてみます。

C　2dL と何 dL かだね。

C　2dL と $\frac{1}{3}$ dL です。

T　黒板に貼れるように図にしておきます。

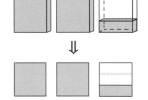

## 2 整数と分数を合わせた分数です

T　2dL と $\frac{1}{3}$ dL を合わせて $2\frac{1}{3}$ dL と書き，『2 と 3 分の 1 デシリットル』と読みます。このように整数と分数を合わせた分数を帯分数といいます。

　　$2\frac{1}{3}$ dL を分数定規を使って図にかきましょう。

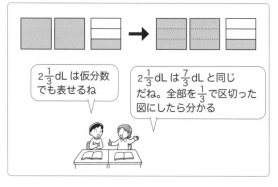

図に表していると，帯分数⇄仮分数の関係に自然と気がつく子が増えていく。

学習のまとめをする。

**3** 〈帯分数を図に表す〉

① $2\frac{1}{2}$ 帯分数　$\frac{5}{2}$ 仮分数

② $3\frac{3}{4}$ → $\frac{15}{4}$

③ $2\frac{2}{3}$ → $\frac{8}{3}$

④ $3\frac{3}{5}$ → $\frac{18}{5}$

**4** 〈数直線に表す〉

帯分数

$2\frac{1}{2}$

数直線：0　1　2　$2\frac{1}{2}$　3

仮分数

$\frac{5}{2}$

数直線：0　$\frac{1}{2}$　$\frac{3}{2}$　$\frac{5}{2}$

---

**3** 帯分数を図に表してみよう

T　縦ではなく横長に，かいてみましょう。

　また，帯分数を仮分数になおせるようであれば，仮分数で表してみましょう。

> ① $2\frac{1}{2}$　② $3\frac{3}{4}$　③ $2\frac{2}{3}$　④ $3\frac{3}{5}$
>
> ① →
>
> ② →

　ここでも図に表すことで，帯分数を身につけることができる。加えて，①のように $\frac{1}{2}$ で全てを区切れば帯分数を仮分数にすることができることを，自らが図にかくことで自然と理解できる。

**4** 図を数直線に表してみよう

T　かいた分数の図を数直線に表すことができます。①の $2\frac{1}{2}$ を表してみます。上下にギューッと圧縮すると数直線になります。

　目盛りも書いていきましょう。

C　(ア) は 1 でなくて 0。

C　(イ) が 1 で，(ウ) は 2。

C　(エ) は $2\frac{1}{2}$，(オ) は 3。

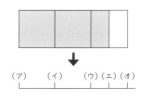

(ア)　(イ)　　(ウ)(エ)(オ)

T　仮分数の図も圧縮したら数直線になります。$\frac{1}{2}$ や $\frac{3}{2}$ はどこになりますか。

　同じように目盛りを確認していく。

　ふりかえりシートが活用できる。

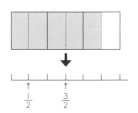

↑$\frac{1}{2}$　↑$\frac{3}{2}$

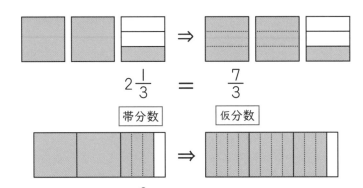

# 第 ❸ 時

## 帯分数➡仮分数

本時の目標　帯分数を仮分数に直す方法を考えて，できるようになる。

**板書例**

## 帯分数を仮分数にしよう

❶

$$2\frac{1}{3} = \frac{7}{3}$$

帯分数　　仮分数

$$2\frac{3}{4} = \frac{11}{4}$$

❷

**【A さん】**

図にすると $\frac{1}{4}$ が

11 こだから $\frac{11}{4}$

**【B さん】**

$$\frac{4}{4} + \frac{4}{4} + \frac{3}{4} = \frac{11}{4}$$

**【C さん】**

$$4 \times 2 + 3 = 11$$

　　↑　　↑　　↑
分母　整数　分子

$\frac{1}{4}$ が 11 こあるから $\frac{11}{4}$

POINT　帯分数を図に表し，基本となる分数で分割すれば仮分数に変身できることをしっかりと学びます。計算で求めることを急が

## 1 帯分数を仮分数になおす方法をまとめよう

T　$2\frac{1}{3}$ を仮分数にするとどうなりましたか。前の時間をふり返りましょう。

C　全部を $\frac{1}{3}$ で区切る，$\frac{1}{3}$ が 7 個あったから，$\frac{7}{3}$ です。

T　$2\frac{3}{4}$ を仮分数にしてみましょう。その説明を図を使ってノートに書いてみましょう。

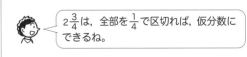

$2\frac{3}{4}$ は，全部を $\frac{1}{4}$ で区切れば，仮分数にできるね。

1 は $\frac{1}{4}$ が 4 個だから…

C　$2\frac{3}{4}$ を仮分数にしたら $\frac{11}{4}$ になります。

C　仮分数になおす方法をノートにまとめよう。

## 2 図を使って説明しよう

T　ノートにまとめたことを発表しましょう。

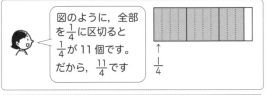

図のように，全部を $\frac{1}{4}$ に区切ると $\frac{1}{4}$ が 11 個です。だから，$\frac{11}{4}$ です

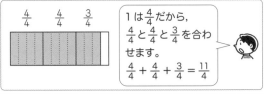

1 は $\frac{4}{4}$ だから，$\frac{4}{4}$ と $\frac{4}{4}$ と $\frac{3}{4}$ を合わせます。

$$\frac{4}{4} + \frac{4}{4} + \frac{3}{4} = \frac{11}{4}$$

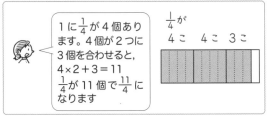

1 に $\frac{1}{4}$ が 4 個あります。4 個が 2 つに 3 個を合わせると，$4 \times 2 = 11$ $\frac{1}{4}$ が 11 個で $\frac{11}{4}$ になります

| 準備物 | ・分数定規(児童用・板書用) |
| --- | --- |

| 準備物 | ・分数定規 (児童用・板書用)<br>**QR** 分数ゲーム用カード<br>**QR** ふりかえりシート　・板書用図<br>**QR**「帯分数→仮分数」動画　画像 | **I C T** | 子どもがかいた図を共有し，子どもの言葉で考えを伝え合うことで，帯分数から仮分数に直す方法に迫りやすくなる。 |
| --- | --- | --- | --- |

**まとめ**

・帯分数を仮分数になおす方法は，図にすればわかる。
・計算で求めることもできる。

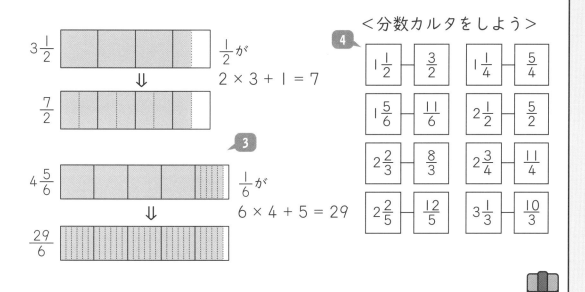

<分数カルタをしよう>

$3\frac{1}{2}$　　　$\frac{1}{2}$が　$2 \times 3 + 1 = 7$

$\frac{7}{2}$

$4\frac{5}{6}$　　　$\frac{1}{6}$が　$6 \times 4 + 5 = 29$

$\frac{29}{6}$

| $1\frac{1}{2}$ | $\frac{3}{2}$ | $1\frac{1}{4}$ | $\frac{5}{4}$ |
| --- | --- | --- | --- |
| $1\frac{5}{6}$ | $\frac{11}{6}$ | $2\frac{1}{2}$ | $\frac{5}{2}$ |
| $2\frac{2}{3}$ | $\frac{8}{3}$ | $2\frac{3}{4}$ | $\frac{11}{4}$ |
| $2\frac{2}{5}$ | $\frac{12}{5}$ | $3\frac{1}{3}$ | $\frac{10}{3}$ |

ないようにしましょう。

## 3 仮分数になおす方法を見つけよう

T　3人の説明を参考にして，次の帯分数を仮分数にしてみましょう。どの方法でしますか。
C　よくわかるので，図をかいてします。
C　図をかいて，Cさんのようにかけ算とたし算を使って答えてみようと思います。

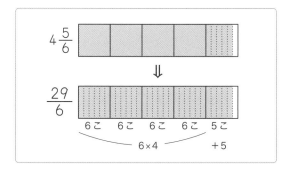

$4\frac{5}{6}$

$\frac{29}{6}$

6こ　6こ　6こ　6こ　5こ
　　　$6 \times 4$　　　$+5$

C　計算だけでできたら，とても便利です。
$\frac{1}{6}$が $6 \times 4 + 5 = 29$ で，$\frac{29}{6}$です。

学習のまとめをする。

## 4 帯分数，仮分数のカルタ取りをしよう

T　グループで分数カルタ取りをしましょう。

準備物：帯分数と仮分数で1組のカードを10種類程度

| $1\frac{1}{2}$ | $1\frac{1}{4}$ | $1\frac{5}{6}$ | $2\frac{1}{2}$ | $2\frac{2}{3}$ | $2\frac{3}{4}$ | $2\frac{2}{5}$ | $3\frac{1}{3}$ | $3\frac{3}{4}$ | $3\frac{1}{6}$ |
| --- | --- | --- | --- | --- | --- | --- | --- | --- | --- |
| $\frac{3}{2}$ | $\frac{5}{4}$ | $\frac{11}{6}$ | $\frac{5}{2}$ | $\frac{8}{3}$ | $\frac{11}{4}$ | $\frac{12}{5}$ | $\frac{10}{3}$ | $\frac{15}{4}$ | $\frac{19}{6}$ |

ルール：その1　帯分数カードを読札にして，仮分数カードを取り札にします。

その2　教師が帯分数を読み上げて，帯分数カードと仮分数カードを取り札にします。取り札が2枚ずつあることになります。

※このカードは，以後の授業でも使います。

動画が活用できる。

ふりかえりシートが活用できる。

# 仮分数➡帯分数

板書例

## 仮分数を帯分数にしよう

**1** $\frac{7}{4}$ を帯分数にする方法を考えよう

【A さん】

$\frac{4}{4} = 1$

だから，太線で囲む

【B さん】

分子が 4 のとき
1 になる

$7 - 4 = 3$

$1\frac{3}{4}$

$\frac{7}{4} = 1\frac{3}{4}$

$1\frac{3}{4}$

**2** 〈仮分数と帯分数の大小をくらべよう〉

① $\frac{7}{6}$ $\boxed{<}$ $1\frac{2}{6}$

$\frac{7}{6}$　　帯分数に　　$1\frac{1}{6}$

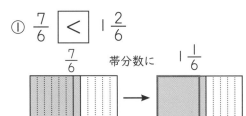

② $\frac{8}{3}$ $\boxed{>}$ $2\frac{1}{3}$

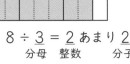

$8 \div 3 = 2$ あまり $2$

分母　整数　　　分子

$2\frac{2}{3}$

POINT　学習のまとめとして，分数カードを使ったゲームをしたり，紙芝居を見たりして，楽しく帯分数と仮分数の習熟を図りましょう。

**1** 仮分数を帯分数になおして，その考え方をまとめよう

T　$\frac{7}{4}$ を帯分数にして，その方法もノートに書きましょう。

> 分数定規で図をかいたら，$\frac{7}{4}$ は，$\frac{1}{4}$ が7つ分だとわかるね

> $\frac{4}{4}$ で 1 と同じだから，$\frac{1}{4}$ が 4 つで，1 にすればいいんだよ

【A さんの説明】
　$\frac{4}{4}$ で 1 になるから，図のように $\frac{4}{4}$ を太線で囲んで $1\frac{3}{4}$ としました。

【B さんの説明】
　$\frac{4}{4}$ で 1 だから，$7 - 4 = 3$
$1\frac{3}{4}$ になります。

$\frac{1}{4}$ が 4 こと 3 こ

**2** 仮分数と帯分数の大小を，仮分数を帯分数に直して比べましょう

① $\frac{7}{6}$ と $1\frac{2}{6}$　② $\frac{8}{3}$ と $2\frac{1}{3}$　③ $\frac{28}{5}$ と 6

T　②を考えてみましょう。

C　図にかいたらわかる。

C　$\frac{3}{3}$ で 1 だから，
$\frac{8}{3}$ は $2\frac{2}{3}$ です。
$\frac{8}{3}$ の方が大きいです。

T　仮分数➡帯分数も計算で求められるでしょうか。

> $8 \div 3 = 2$ あまり 2 で $2\frac{2}{3}$ になります

> 帯分数➡仮分数はかけ算だった。仮分数➡帯分数はわり算だね

③ $\dfrac{28}{5}$ ＜ 6

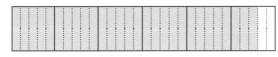

$28 \div 5 = 5$ あまり $3$

$5\dfrac{3}{5}$

**3** 〈紙芝居「スイカどろぼうはだれだ〉

まとめ

・仮分数を帯分数になおす方法は，図にすればわかる
・変身しても大きさは等しい。
・計算でもできる。

分子÷分母＝商　あまり
　　　　　　　↑　　　　↑
　　　　　　整数　　分子

**4** 〈分数カードでトランプゲームをしよう〉

---

## 3　紙芝居「スイカどろぼうはだれだ」を楽しもう

紙芝居「スイカどろぼうはだれだ」（原作：板垣賢二先生）をする。

スイカどろぼうを写した写真には2匹のタヌキが！そして，タヌキのお腹には帯分数がかかれています。この分数を証拠にどろぼう探しをするキューちゃんたち。しかし，見つけたタヌキのお腹には仮分数がかかれていたのです。キューちゃんたちは，どろぼうを見破ることはできるでしょうか。タヌキの変身のように，分数は仮分数と帯分数に変身することをまとめにします。

学習のまとめをする。

## 4　分数カードでトランプゲームをしよう

Ｔ　分数カードを使ってババ抜きをしましょう。

準備物：帯分数と仮分数で1組のカード（各グループに）

| $1\dfrac{1}{2}$ | $1\dfrac{1}{4}$ | $1\dfrac{5}{6}$ | $2\dfrac{1}{2}$ | $2\dfrac{2}{3}$ | $3\dfrac{3}{4}$ | $2\dfrac{2}{5}$ | $3\dfrac{1}{3}$ | $3\dfrac{3}{4}$ | $3\dfrac{1}{6}$ |
| --- | --- | --- | --- | --- | --- | --- | --- | --- | --- |
| $\dfrac{3}{2}$ | $\dfrac{5}{4}$ | $\dfrac{11}{6}$ | $\dfrac{5}{2}$ | $\dfrac{8}{3}$ | $\dfrac{11}{4}$ | $\dfrac{12}{5}$ | $\dfrac{10}{3}$ | $\dfrac{15}{4}$ | $\dfrac{19}{6}$ |

ルール：

ババ抜き　ジョーカーを1枚加えて，トランプのババ抜きと同じようにします。同じ大きさの帯分数と仮分数が揃ったら場に出すことができます。カードが早く無くなった人の勝ちです。

ふりかえりシートが活用できる。

板書例

# 長さや数直線の分数を読みとろう

**1** 〈テープの長さは何 m?〉

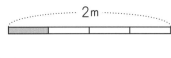

2m

× $\frac{1}{4}$ m

・4 つに分けた 1 つ分だから

○ $\frac{1}{2}$ m

・2 つ分で 1m だから

・1m を 2 つに分けた 1 つ分だから

**2** 〈帯分数と仮分数で表そう〉

①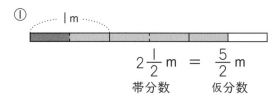

1m

$2\frac{1}{2}$ m ＝ $\frac{5}{2}$ m

帯分数　　　　仮分数

② 1m

$2\frac{1}{4}$ m ＝ $\frac{9}{4}$ m

③ 1m

$2\frac{5}{6}$ m ＝ $\frac{17}{6}$ m

POINT テープの長さは「$\frac{1}{4}$ m」と間違いの答えが出ることで話し合いができます。間違いがあるからこそ学びを深めることがで

## 1 テープの長さは何 m でしょうか

T　色がついたところの長さは何 m でしょうか。

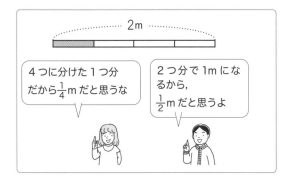

2m

4 つに分けた 1 つ分だから $\frac{1}{4}$ m だと思うな

2 つ分で 1m になるから，$\frac{1}{2}$ m だと思うよ

C　1m を 2 つに分けた 1 つ分だから，$\frac{1}{2}$ m だよ。

　全体を 1 と捉えて，それを等分したうちのいくつ分で表すのは「割合分数」です。「2m の $\frac{1}{4}$」であれば間違いではありません。しかし，「何 m ですか。」と量を問われた場合は，1m をもとにするので，$\frac{1}{2}$ m となります。

　このように連続量の 1m や 1L，1kg などをもとにして表した分数が「量分数」です。4 年生で扱う分数はすべて量分数になります。

## 2 長さを帯分数と仮分数で表そう

①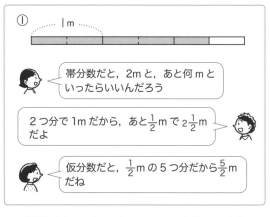

1m

帯分数だと，2m と，あと何 m といったらいいんだろう

2 つ分で 1m だから，あと $\frac{1}{2}$ m で $2\frac{1}{2}$ m だよ

仮分数だと，$\frac{1}{2}$ m の 5 つ分だから $\frac{5}{2}$ m だね

　学習活動 1 でつまずきをクリアすることができたかをここで確かめられる。いくつ分で 1m になるか（1m をいくつに等分しているか）を強調する。

　②③ についても同様にする。

| 準備物 | ・板書用テープ図　数直線<br>QR 分数ゲーム用カード<br>QR ふりかえりシート | ICT | 図の枠を配信し，自分で色を塗りながら<br>数の大きさを確認できるようにする等，<br>実態に応じた支援が考えられる。 |

**3** 〈数直線を読み取ろう〉

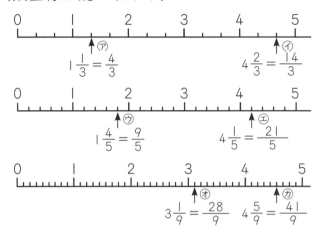

**4** 〈分数カードで神経衰弱ゲームをしよう〉

まとめ　長さや数直線の分数は，まず，いくつ分で１(m)に
なっているかを読み取るところから始める。

きます。

## 3 数直線上の分数を，帯分数と仮分数の両方で読み取ろう

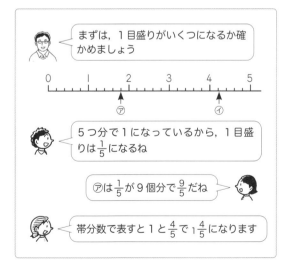

まずは，１目盛りがいくつになるか確かめましょう

５つ分で１になっているから，１目盛りは $\frac{1}{5}$ になるね

㋐は $\frac{1}{5}$ が９個分で $\frac{9}{5}$ だね

帯分数で表すと１と $\frac{4}{5}$ で $1\frac{4}{5}$ になります

　長さを扱う学習の流れで数直線を扱うと，スムーズにでき，数直線に慣れることができる。数直線の学習で，もう一度帯分数と仮分数の関係の習熟が図れる。

　学習のまとめをする。

## 4 分数カードで神経衰弱ゲームをしよう

準備物：帯分数と仮分数で１組のカードを 10 組程度
　　　　（第３時，第４時で使用したものと同じ）

ルール：

　神経衰弱　トランプの神経衰弱と同じようにする。
　　　　　　カードを２枚めくって，同じ大きさの分数
　　　　　　（帯分数と仮分数）であればカードを取る
　　　　　　ことができる。
　　　　　　カードを多く取った人の勝ちです。

　分数カードを一度作っておくと，いろいろなゲームで遊べるのでとても便利。

　ふりかえりシートが活用できる。

# 大きさの等しい分数

板書例

## 数直線から見つけよう

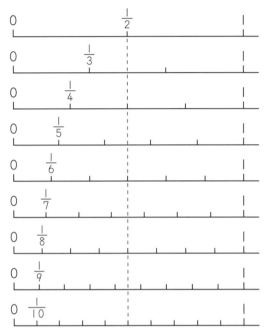

・分子が 1 の分数

$$\frac{1}{2} > \frac{1}{3} > \frac{1}{4} > \frac{1}{5}$$
$$> \frac{1}{6} > \frac{1}{7} > \frac{1}{8} > \frac{1}{9} > \frac{1}{10}$$

分母が大きくなるほど
分数は小さくなる

・大きさの等しい
分数がある

POINT 教科書にある数直線を活用します。そして，教科書よりも少しだけ発展させて，等しい分数の秘密について考える時間をつ

**1** 並んだ数直線を見て気がついたことを話し合おう

$\frac{1}{2}$ から $\frac{1}{10}$ まで並んでいるのを見るとどんどん 1 目盛りが小さくなっている

縦に見ると同じ大きさの分数があるみたいだよ

T $\frac{1}{2}$ と $\frac{1}{3}$ ではどちらが大きいですか。

C $\frac{1}{2}$ の方が大きいです。

T 分子が 1 の分数を大きい順に並べて書いてみましょう。

C $\frac{1}{2} > \frac{1}{3} > \frac{1}{4} > \frac{1}{5} > \frac{1}{6} > \frac{1}{7} > \frac{1}{8} > \frac{1}{9} > \frac{1}{10}$

C 分子が同じ 1 のとき，分母が大きいほど，分数は

小さくなります。

**2** 数直線の目盛りに分数をかき入れて，気がついたことを話し合おう

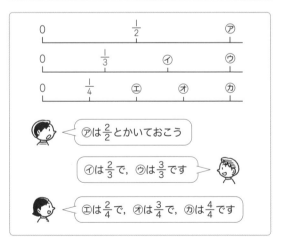

㋐は $\frac{2}{2}$ とかいておこう

㋑は $\frac{2}{3}$ で，㋒は $\frac{3}{3}$ です

㋓は $\frac{2}{4}$ で，㋔は $\frac{3}{4}$ で，㋕は $\frac{4}{4}$ です

C ○○さんが言っていたように，縦に見ると，同じ大きさの分数があります。

**3** ・$\frac{1}{2}$ と等しい分数　　$\frac{2}{4}$　$\frac{3}{6}$　$\frac{4}{8}$　$\frac{5}{10}$

・$\frac{1}{3}$ と等しい分数　　$\frac{2}{6}$　$\frac{3}{9}$

・$\frac{1}{4}$ と等しい分数　　$\frac{2}{8}$　$\frac{3}{12}$

・$\frac{2}{2}$ と等しい分数　　$\frac{3}{3}$　$\frac{4}{4}$　$\frac{5}{5}$　$\frac{6}{6}$　$\frac{7}{7}$　$\frac{8}{8}$　$\frac{9}{9}$

**4** 同じ大きさの分数で
気がついたこと

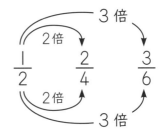

**まとめ**

・分子が同じなら，分母が大きいほど
小さい分数になる。

・分母と分子の数がちがっても，同じ
大きさの分数がある。

くります。

---

**3 数直線から同じ大きさの分数を見つけよう**

$\frac{1}{2}$ と同じ分数を 4 つも見つけたよ。
$\frac{2}{4}$ と $\frac{3}{6}$ と $\frac{4}{8}$ と $\frac{5}{10}$ があった

縦に線を引いて，同じ
大きさの分数になって
いるのを確かめた

　数直線を見て同じ大きさの分数を見つける学習。水槽図をかいたこれまでの学習の中で，すでに同じ大きさの分数を発見している子もいる。

　ここでは，見つけることが主な学習。倍分，約分による分数の「変身」は，5 年生での学習内容になる。

　学習のまとめをする。

---

**4 大きさの等しい分数を並べてみて，気がついたことを話し合おう**

見つけたよ。
分母が 2 倍だと
分子も 2 倍に
なっているよ

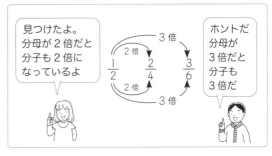

ホントだ
分母が
3 倍だと
分子も
3 倍だ

T　とてもいいことに気づきましたね。どの分数もそうなっていますか？

C　$\frac{1}{3}$ と $\frac{2}{6}$ と $\frac{3}{9}$ も同じようになっています。

　ふりかえりシートが活用できる。

# 分数のたし算・ひき算

本時の目標：同分母分数の加減計算の意味を理解し，真分数，仮分数の計算ができるようになる。

板書例

## 分数のたし算，ひき算ができるようになろう

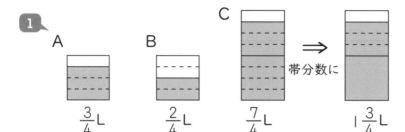

**1**

A $\dfrac{3}{4}$L 　 B $\dfrac{2}{4}$L 　 C $\dfrac{7}{4}$L 　⇒帯分数に　$1\dfrac{3}{4}$L

〈かさのちがいを求めよう〉

**2**

〈AとB〉

$$\dfrac{3}{4} - \dfrac{2}{4} = \dfrac{1}{4}$$

答え $\dfrac{1}{4}$L

〈BとC〉

$$\dfrac{7}{4} - \dfrac{2}{4} = \dfrac{5}{4} \left( 1\dfrac{1}{4} \right)$$

帯分数で

$$1\dfrac{3}{4} - \dfrac{2}{4} = 1\dfrac{1}{4}$$

答え $\dfrac{5}{4}$L，$1\dfrac{1}{4}$L

〈AとC〉

$$\dfrac{7}{4} - \dfrac{3}{4} = \dfrac{4}{4}$$

帯分数で

$$1\dfrac{3}{4} - \dfrac{3}{4} = 1$$

答え 1L

POINT 分数の加減計算も数字だけの計算にしないように，図を使って理解したり，話し合ったりできるようにしましょう。

## **1** ジュースの量の違いをそれぞれ求めましょう

違いを求めるからひき算でいいね。

図を見れば，$\dfrac{1}{4}$のいくつ分で考えればいいことがわかるよ

C　AとBの違いは，$\dfrac{3}{4} - \dfrac{2}{4} = \dfrac{1}{4}$　$\dfrac{1}{4}$Lです。

C　BとCの違いは，$\dfrac{7}{4} - \dfrac{2}{4} = \dfrac{5}{4}$　$\dfrac{5}{4}$Lです。

C　帯分数にすると，$1\dfrac{1}{4}$Lです。

C　帯分数にすると，量の大きさがわかりやすくなります。

　同分母分数のたし算・ひき算の学習は既習なので，先にひき算をしても問題はない。

## **2** ジュースの量の違いを帯分数で計算して，それぞれ求めましょう

T　AとCの違いは何Lですか。

C　$\dfrac{7}{4} - \dfrac{3}{4} = \dfrac{4}{4}$　$\dfrac{4}{4}$Lです。

C　$\dfrac{4}{4}$Lは 1Lとした方がいいです。

T　$\dfrac{7}{4}$をはじめから帯分数にして計算してみましょう。

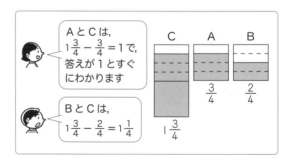

AとCは，$1\dfrac{3}{4} - \dfrac{3}{4} = 1$で，答えが1とすぐにわかります

BとCは，$1\dfrac{3}{4} - \dfrac{2}{4} = 1\dfrac{1}{4}$

帯分数のままでもひき算ができることがわかる。

3 〈合わせた量を求めよう〉

〈 A と B 〉　　　　　〈 A と C 〉　　　　　〈 B と C 〉

$\dfrac{3}{4} + \dfrac{2}{4} = \dfrac{5}{4}$　　　$\dfrac{3}{4} + \dfrac{7}{4} = \dfrac{10}{4}$　　　$\dfrac{2}{4} + \dfrac{7}{4} = \dfrac{9}{4}$

答え $\dfrac{5}{4}$L, $1\dfrac{1}{4}$L　　答え $\dfrac{10}{4}$L, $2\dfrac{2}{4}$L　　　答え $\dfrac{9}{4}$L, $2\dfrac{1}{4}$L

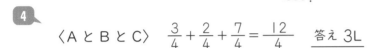

帯分数で　　　　　　　　帯分数で

$\dfrac{3}{4} + 1\dfrac{3}{4} = 1\dfrac{6}{4}$ ?　　$\dfrac{2}{4} + 1\dfrac{3}{4} = 1\dfrac{5}{4}$ ?

4 〈 A と B と C 〉　$\dfrac{3}{4} + \dfrac{2}{4} + \dfrac{7}{4} = \dfrac{12}{4}$　　答え 3L

まとめ　仮分数で表された答えは，帯分数や整数<br>にすると，大きさがわかりやすくなる。

---

**3** 2 つのジュースを合わせると何 L ですか

T　A と B を合わせると何 L ですか。
C　$\dfrac{3}{4} + \dfrac{2}{4} = \dfrac{5}{4}$　$\dfrac{5}{4}$L
C　帯分数で表すと $1\dfrac{1}{4}$L です。

> A と C を合わせてみる。<br>$\dfrac{3}{4} + \dfrac{7}{4} = \dfrac{10}{4}$　$\dfrac{10}{4}$Lで，<br>帯分数にすると，$2\dfrac{2}{4}$L
>
> B と C を合わせると，<br>$\dfrac{2}{4} + \dfrac{7}{4} = \dfrac{9}{4}$　$\dfrac{9}{4}$Lで，<br>帯分数にすると，$2\dfrac{1}{4}$L

C　A と C を合わせた $2\dfrac{2}{4}$L は，$2\dfrac{1}{2}$L とも言える。

　前の時間に数直線で等しい分数を学習しているため，この<br>ような発言が出る可能性もある。<br>　学習のまとめをする。

**4** A, B, C の 3 つのジュースを合わせると<br>何 L か求めよう

C　$\dfrac{3}{4} + \dfrac{2}{4} + \dfrac{7}{4} = \dfrac{12}{4}$　$\dfrac{12}{4}$L だ。
C　$\dfrac{12}{4}$L は，3L です。
T　たし算も帯分数のままで計算できますか。

 A と C でしてみると　$\dfrac{3}{4} + 1\dfrac{3}{4} = 1\dfrac{6}{4}$

B と C でしてみると　$\dfrac{2}{4} + 1\dfrac{3}{4} = 1\dfrac{5}{4}$

 $1\dfrac{6}{4}$や$1\dfrac{5}{4}$は分数として変じゃないかな。<br>帯分数か仮分数なのかわからないよ。<br>帯仮分数？

次時の学習につなげる。

ふりかえりシートが活用できる。

# 帯分数のたし算

板書例

## 帯分数のたし算の仕方を考えよう

**1**　〈$\frac{3}{4}$ + 1$\frac{3}{4}$ の答えを考えよう〉

$\frac{3}{4}$ + 1$\frac{3}{4}$ = $\boxed{1\frac{6}{4}}$　帯仮分数（たいかぶんすう）？

$\frac{4}{4}$ = 1 なので

1$\frac{6}{4}$ = 2$\frac{2}{4}$

〈$\frac{2}{4}$ + 1$\frac{3}{4}$〉

$\frac{2}{4}$ + 1$\frac{3}{4}$ = 2$\frac{1}{4}$

**2**　⑦ 1$\frac{3}{5}$ + $\frac{4}{5}$

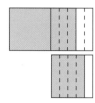

① 図にかいて考える

② 帯仮分数にして

1$\frac{3}{5}$ + $\frac{4}{5}$ = 1$\frac{7}{5}$

$\frac{5}{5}$ = 1 を繰り上げて 2$\frac{2}{5}$

③ 仮分数にする

= $\frac{8}{5}$ + $\frac{4}{5}$

= $\frac{12}{5}$ = 2$\frac{2}{5}$

POINT　図に表すことで分数の計算のイメージが定着します。「帯仮分数」という用語はありませんが，計算の途中の段階を表す便

## 1　$\frac{3}{4}$ + 1$\frac{3}{4}$ = 1$\frac{6}{4}$ ? 帯仮分数 ? どうする ?

C　$\frac{4}{4}$ で 1 になるから，もう 1 つ 1 が作れる。

C　$\frac{3}{4}$ + $\frac{3}{4}$ = $\frac{6}{4}$ で 1$\frac{2}{4}$ だから，1 を繰り上げます。

C　答えは 2$\frac{2}{4}$ です。

T　$\frac{2}{4}$ + 1$\frac{3}{4}$ の答えの 1$\frac{5}{4}$ についても考えましょう。

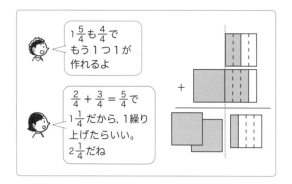

1$\frac{5}{4}$ も $\frac{4}{4}$ で もう 1 つ 1 が 作れるよ

$\frac{2}{4}$ + $\frac{3}{4}$ = $\frac{5}{4}$ で 1$\frac{1}{4}$ だから，1 繰り 上げたらいい。 2$\frac{1}{4}$ だね

図を位に分けて，筆算のように表せる。

## 2　1$\frac{3}{5}$ + $\frac{4}{5}$ の考え方を出し合いましょう

1$\frac{3}{5}$ + $\frac{4}{5}$ = 1$\frac{7}{5}$ と帯仮分数にしてから， $\frac{5}{5}$ で 1 を繰り上げて， 2$\frac{2}{5}$ になります

図を思い浮かべ てもできるよ

C　私は，仮分数に なおしてから計算 する方が好きです。

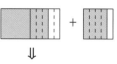

⇓

両方の考え方を認める。

| 準備物 | ・板書用図<br>・分数定規（児童用・板書用）<br>QR ふりかえりシート | ICT | スライド機能で作った図を配信し，図を複製したり移動したりできるようにすると，計算のイメージがしやすい。 |  |

**3** ㋑ $1\frac{6}{7} + 2\frac{5}{7}$

① 図にかいて考える
$\frac{1}{7}$ を $\frac{6}{7}$ に動かせば
1 ができるので，$4\frac{4}{7}$

$1\frac{6}{7}$

$2\frac{5}{7}$

② 帯仮分数にする
$1\frac{6}{7} + 2\frac{5}{7} = 3\frac{11}{7}$

$\frac{7}{7} = 1$ を繰り上げて
$4\frac{4}{7}$

③ 仮分数にする
$\frac{13}{7} + \frac{19}{7} = \frac{32}{7}$
$= 4\frac{4}{7}$

**4** ㋒ $2\frac{3}{8} + 1\frac{5}{8}$

$= 3\frac{8}{8}$

$= 4$

㋓ $2 + 1\frac{5}{12}$

$= 3\frac{5}{12}$

## まとめ

帯分数のたし算の方法
・帯分数を整数と分数に分けて計算し，整数になる部分を繰り上げる。
・帯分数を，仮分数に直して計算する。

利な表現なので，あえて使用しています。

**3** $1\frac{6}{7} + 2\frac{5}{7}$ の計算方法を発表し合おう

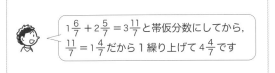

図をかいて，$\frac{1}{7}$ を動かせば答えが $4\frac{4}{7}$ になることがわかる

$\frac{1}{7}$

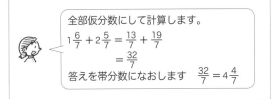

$1\frac{6}{7} + 2\frac{5}{7} = 3\frac{11}{7}$ と帯仮分数にしてから，$\frac{11}{7} = 1\frac{4}{7}$ だから1繰り上げて $4\frac{4}{7}$ です

全部仮分数にして計算します。
$1\frac{6}{7} + 2\frac{5}{7} = \frac{13}{7} + \frac{19}{7}$
$= \frac{32}{7}$
答えを帯分数になおします　$\frac{32}{7} = 4\frac{4}{7}$

どれも分数を理解しているからできる方法なので，子どもがいちばん納得いく方法でできればよい。

**4** ㋒ $2\frac{3}{8} + 1\frac{5}{8}$　㋓ $2 + 1\frac{5}{12}$ にも挑戦

図にかいて考えよう

まず，$3\frac{8}{8}$ と帯仮分数にして，$\frac{8}{8}$ は1になるから，答えは4だ

C ㋒を仮分数になおして計算してみるよ。
$\frac{19}{8} + \frac{13}{8} = \frac{32}{8}$　　$\frac{32}{8} = 4$

C ㋓は，整数部分と分数部分を分けて計算すれば，すぐにできるね。

いろいろなタイプの計算練習をする。
学習のまとめをする。

ふりかえりシートが活用できる。

板書例

## 帯分数のひき算の仕方を考えよう

> ジュースが $2\frac{2}{5}$ dL あります。3 人がそれぞれ飲むと，残りは何 dL になりますか。

**1** ゆうかさん $1\frac{1}{5}$ dL　　**2** たくとさん $\frac{4}{5}$ dL

式　$2\frac{2}{5} - 1\frac{1}{5}$　　　　変身！！　　　　式　$2\frac{2}{5} - \frac{4}{5}$

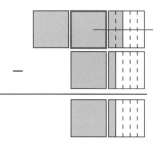

答え $1\frac{1}{5}$ dL　　　　　　　　答え $1\frac{3}{5}$ dL

POINT 求残では，ひく数を図に表さないのが普通ですが，ここでは 2 つの分数を図に表すことで解決の見通しがもてるようにします。

---

**1** ゆうかさんは $1\frac{1}{5}$ dL 飲みました。残りは何 dL ですか

問題文を提示する。

T　式は，$2\frac{2}{5} - 1\frac{1}{5}$ です。

あったジュース $2\frac{2}{5}$

飲んだジュース $1\frac{1}{5}$

 飲んだジュースも図にかくとわかりやすい

たし算と同じように，整数と分数を分けて計算しよう

C　整数部分は $2 - 1 = 1$ で，
　　分数部分は $\frac{2}{5} - \frac{1}{5} = \frac{1}{5}$

C　ゆうかさんが飲んだ残りは $1\frac{1}{5}$ dL です。

---

**2** たくとさんは $\frac{4}{5}$ dL 飲みました。残りは何 dL ですか

C　式は，$2\frac{2}{5} - \frac{4}{5}$ です。

C　$\frac{2}{5}$ から $\frac{4}{5}$ はひけません。どうしたらいいかな。

T　計算の仕方を考えてみましょう。

 1を $\frac{5}{5}$ にすれば，$\frac{4}{5}$ をひくことができます
整数の繰り下がりと少し似ています。

帯仮分数にすればいいです。
$2\frac{2}{5} = 1\frac{7}{5}$ と帯仮分数ににしてから計算すると，$1\frac{7}{5} - \frac{4}{5} = 1\frac{3}{5}$ です。

 全部を仮分数にしてから計算します。
$\frac{12}{5} - \frac{4}{5} = \frac{8}{5}$
$\frac{8}{5} = 1\frac{3}{5}$ です

94

**3** さとしさん　$1\dfrac{3}{5}$dL

式　$2\dfrac{2}{5} - 1\dfrac{3}{5} = \dfrac{4}{5}$

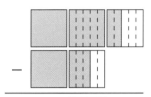

答え　$\dfrac{4}{5}$dL

**4** $\langle\, 3 - 1\dfrac{3}{4}\,\rangle$

変身

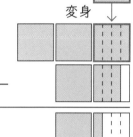

答え　$1\dfrac{1}{4}$

まとめ

帯分数のひき算の方法
・帯分数を整数と分数に分けて計算する。
・分数部分からひけないときは，整数の部分を繰り下げて，分数にして計算する。
・帯分数を，仮分数に直して計算する。

---

**3** さとしさんは $1\dfrac{3}{5}$dL 飲みました。残りは何 dL ですか

C　式は，$2\dfrac{2}{5} - 1\dfrac{3}{5}$ です。

1を図のように $\dfrac{5}{5}$ にして繰り下げればできます。
答えは $\dfrac{4}{5}$ になります（図を使って）

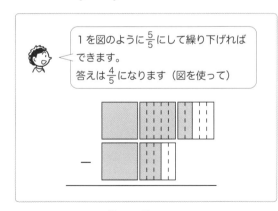

C　（帯仮分数）$2\dfrac{2}{5} = 1\dfrac{7}{5}$ と帯仮分数にして計算します。答えは，$\dfrac{4}{5}$dL です。

C　（仮分数）仮分数にすれば計算できます。
$\dfrac{12}{5} - \dfrac{8}{5} = \dfrac{4}{5}$　　$\dfrac{4}{5}$dL です。

**4** $3 - 1\dfrac{3}{4}$ の計算をしてみましょう

C　この場合は，$1 = \dfrac{4}{4}$ だから，$3$ を $2\dfrac{4}{4}$ と考えると計算できます。

C　$3 - 1\dfrac{3}{4}$
　$= 2\dfrac{4}{4} - 1\dfrac{3}{4}$
　$= 1\dfrac{1}{4}$

変身！

T　4年生の分数の学習では，
　『帯分数（整数）⇔仮分数』の分数の「変身」を使っていろいろな計算もできるようになりました。

　学習のまとめをする。

　ふりかえりシートが活用できる。

# 変わり方調べ

◎ 学習にあたって ◎

## <この単元で大切にしたいこと>

　日常の現象の中には，あるものが決まれば，もう一方が決まるという場面が数多くあります。それらの変化や規則性に着目して問題を解決していこうとする考え方が，関数的な見方・考え方ともつながり，とても大切です。

　5年生，6年生の比例の学習へと発展していく4年生での学習は，和が一定，差が一定の場合も含めて，2つの量が取り出しやすく典型的な変化を示してくれる題材を取り上げます。まず，具体的な変化を操作によって確かめることを大切にしましょう。次に，その操作から変化する2つの量を取り出して表に整理します。整理した表からきまりをみつけて式やグラフに表すことで，変化の特徴を読み取ります。具体的な事象を算数の舞台で考えることができるようにするこの過程と，表や式，グラフからさらに詳しく変化の規則性を読み取ることを大切にしましょう。

## <数学的見方考え方と操作活動>

　具体的な操作から得られたデータを表に整理することで，変化の規則性を読み取ることができるようになります。規則性を簡潔に式に表すことができれば，対応する値を式から求めることができるようになります。まずは，表し方それぞれのよさと特徴と便利さを知ることです。それが理解できると，表や式に表すことが目的でなく，それらのよさや特徴を活用して，2つの量の関係と変化をさらに明らかにするために，子ども自らが取り組むようになります。このようにして，事象を関数的に読み解こうとする考え方こそが，大切にしたい数学的見方や考え方です。

## <個別最適な学び・協働的な学びのために>

　子どもが，伴って変わる2つの数量が取り出しやすく，楽しい具体的な事象を体験することから始めます。そして，それを表に表す場合には，変化している2つの項目は何なのか，どの程度の範囲の表にすればいいのかなども，子ども自らが決められるようにしましょう。次に，表をどうみれば式が作成できるのか，式から対応する値をどのように求めることができるのかなども，子どもの話し合いで解決していきます。このように，自らが体験した具体的な事象を表や式に表す方法や，それらのよさが理解できるように意識して指導していけば，表や式にする学習を子ども自らが進んで取り組むようになります。

| 知識および技能 | 伴って変わる 2 つの数量の関係を表や式に表す方法を理解し，表すことで変化の特徴を調べることができる。 |
|---|---|
| 思考力，判断力，表現力等 | 伴って変わる 2 つの数量の関係を表を用いて調べたり，記号を使って式に表し，関係を簡潔にとらえたりすることができる。 |
| 主体的に学習に取り組む態度 | 伴って変わる 2 つの数量の関係について，表で調べることのよさや，記号を用いて簡潔に表せることのよさに気づき，生活や学習に用いようとする。 |

◎ 指導計画　4 時間 ◎

| 時 | 題 | 目　標 |
|---|---|---|
| 1 | 周りの長さが一定<br>□＋△＝ 8 | 伴って変わる 2 つの数量の関係（和が一定）を，表や□や△を用いた式に表し，その関係をとらえることができる。 |
| 2 | 三角形の数と周りの長さ<br>□＋ 2 ＝△ | 伴って変わる 2 つの数量を表に整理し，関係をとらえて式に表すことができる。 |
| 3 | 階段の数と周りの長さ<br>□× 4 ＝△ | 一方の量が倍になれば，もう一方の量も倍になるという 2 つの数量の関係を理解し，かけ算の式に表すことができる。 |
| 4 | 2 量の変化をグラフに表す | 水の量と重さの変化の関係をグラフに表すことができる。 |

**板書例**

# 16 本のぼうでできる長方形

**1** 〈ノートに記録しよう〉　　**2** 〈表にまとめよう〉

横5本

たて3本 □

横4本

たて4本 □

1本ずつふえる

| たての本数(本) | 1 | 2 | 3 | 4 | 5 | 6 | 7 |
|---|---|---|---|---|---|---|---|
| 横の本数(本) | 7 | 6 | 5 | 4 | 3 | 2 | 1 |

8　8

1本ずつへる

POINT　棒を使った具体的な活動 ⇨ 表に表す活動 ⇨ 表からきまりを見つける活動 ⇨ 式に表す活動。このように学習内容を深めてい

**1** 16 本の棒でできるだけたくさんの種類の長方形を作ってみよう

T　どんな長方形ができたのかノートに記録しておきましょう。

記録は，「縦何本，横何本」と棒の本数を書く。

こんな長方形ができたよ。
縦3本で横5本

縦4本で横も4本，これは正方形だけど，長方形の特別な形ということでいいね

縦，横の本数が逆のものも記録しておく。

**2** 記録したことを表にまとめてみよう

| たての本数(本) | 1 | 2 | 3 | 4 | 5 | 6 | 7 |
|---|---|---|---|---|---|---|---|
| 横の本数(本) | 7 | | | | | | |

縦の本数と横の本数，2 つの関係を表す表になるね

縦の本数を1から順にかいて，その下にそのときの横の本数をかこう

変わり方のきまりをみつけるには，表にまとめることが有効。表にまとめることに慣れるためにも，表はできるだけ子どもが考えて構成できるようにしたい。あらかじめ準備されているワークシートではなく，ノートに書くようにする。

| 準備物 | ・棒 (児童用各16本)<br>・棒 (板書用)<br>■ ふりかえりシート | ICT | 問題文と表の枠を配信し，子どもが考え<br>や気づきを記入したものを全体共有する<br>と，変化の特徴に迫りやすくなる。 |

---

**3**

〈表から見つけよう〉

（横に見る）

・たてが1本ふえると横は1本へる。

・1本ずつ変化している。

（たてに見る）

・たてと横の本数をたすと8になる。

・8からたて（横）の本数をひくと
　横（たて）の本数になっている。

**4**

〈式に表そう〉

言葉の式

| たての本数 ＋ 横の本数 ＝ 8 |

↓

| □ ＋ △ ＝ 8 |

□＝1　1＋△＝8　△は7
□＝2　2＋△＝8　△は6

まとめ

・表にまとめると，関係が見つけやすくなる。

・きまりを式に表すこともできる。

く。

---

**3** 話し合って表からきまりを見つけよう

どの子もきまりが見つけられるよう，まずはペアで話し合い，次に全体で話し合う。

きまりを見つけるために，表を「横」と「縦」の2つの観点から見るようにする。

**4** 表から見つけたきまりを式に表そう

T 『縦の本数と横の本数をたすといつも8』のきまりを式に表してみましょう。

T □が1のとき△の数はどうなりますか。

C △は7で，合わせて8になります。

C □が2のとき，△は6になる。

学習のまとめをする。
ふりかえりシートが活用できる

# 三角形の数と周りの長さ　□＋2 ＝△

板書例

## 正三角形の数とまわりの長さの関係を調べよう

**1** 正三角形のこ数　1 こ　2 こ　3 こ　4 こ

まわりの長さ　3cm　4cm　5cm

**2** ＜表にまとめよう＞

1 こふえる

| 正三角形の数（こ） | 1 | 2 | 3 | 4 | 5 | 6 |
|---|---|---|---|---|---|---|
| まわりの長さ（cm） | 3 | 4 | 5 | 6 | 7 | 8 |

**3** ＋2

1cm ふえる

横に見る

・正三角形が 1 こふえると，
まわりの長さも 1cm ふえる。

たてに見る

・正三角形の数に 2 をたすと，
まわりの長さの数になる。

POINT　表にまとめる活動や式に表す活動では，考える時間と話し合う時間をしっかりとるようにしましょう。

## 1　1 辺が 1cm の正三角形を並べて，まわりの長さを調べよう

T　三角形が増えるとまわりの長さはどうなるでしょうか。

1 個のときのまわりの長さは 3cm，2 個になると 4cm です

まわりの長さがもっと増えると思っていたけどそうでもないね

T　変化の様子を調べるためにまず何をすればいいですか。
C　表に整理すれば，変化の様子がわかりやすくなります。

3 個くらいまでは，黒板に図をかいて確かめる。それ以上は，各自で図をかいていきながら考えるようにする。

## 2　何と何の関係の変化を表にすればいいですか。

C　正三角形の個数とまわりの長さの関係です。
C　正三角形の数によってまわりの長さが変わるから，正三角形の個数を上にかこう。

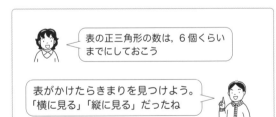

表の正三角形の数は，6 個くらいまでにしておこう

表がかけたらきまりを見つけよう。「横に見る」「縦に見る」だったね

教科書の表は，すでに項目が決められていたり，ますの数も決まっていたりする。何を項目にして，どの程度までの表にすればいいのかということも自分たちで考えるようにしたい。そうすることで，表をかく力をつけることもできる。

**4**　＜式に表そう＞

正三角形のこ数 ＋ 2 ＝まわりの長さ

□　　＋ 2 ＝　　△

・正三角形が 10 この場合
10　＋ 2 ＝ 12

・まわりの長さ 20cm の場合
18　＋ 2 ＝ 20

まとめ　2つの数の関係を式に表しておくと，一方の数がわかれば，もう一方の数は計算で求めることができる。

## 3　表からきまりを見つけよう

T　表を横に見るとどんなことがわかりますか。
C　正三角形の個数が1個増えると，まわりの長さも1cm ずつ増えています。

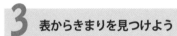

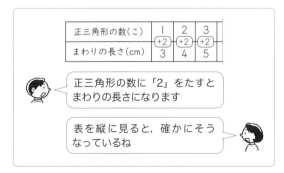

正三角形の数に「2」をたすとまわりの長さになります

表を縦に見ると，確かにそうなっているね

C　言い方を変えると，
　「まわりの長さ－ 2 ＝正三角形の個数」です。

## 4　表から見つけたきまりを式に表そう

C　「正三角形の個数＋ 2 ＝まわりの長さ」です。
T　正三角形の個数を□，まわりの長さを△として表してみましょう。
C　「□＋ 2 ＝△」です。

正三角形が 10 個のとき，まわりの長さは何 cm になりますか

□＋ 2 ＝△　の□に 10 を入れると，10 ＋ 2 ＝ 12
まわりの長さは 12cm です

　まわりの長さが 20cm のときの正三角形の個数も式を使って求める。式に表しておくと，一方の数がわかれば，もう一方の数も決まるという便利さが感じられるようにしたい。

　学習のまとめをする。
　ふりかえりシートが活用できる

# 階段の数と周りの長さ　□×4＝△

本時の目標：一方の量が倍になれば，もう一方の量も倍になるという 2 つの数量の関係を理解し，かけ算の式に表すことができる。

**板書例**

## だんの数とまわりの長さの関係

**1**

| だんの数 | 1 だん | 2 だん | 3 だん | 4 だん |
|---|---|---|---|---|
| まわりの長さ | 4cm | 8cm | 12cm | 16cm |

＜表にしよう＞

2倍　3倍

| だんの数（だん） | 1 | 2 | 3 | 4 | 5 | 6 |
|---|---|---|---|---|---|---|
| まわりの長さ（cm） | 4 | 8 | 12 | 16 | 20 | 24 |

×4

2倍　3倍

**2**

【横に見る】

・だんの数が 1 ずつ増えると，まわりの長さの数が 4 ずつ増える。

・だんの数が 2 倍，3 倍になると，まわりの長さも 2 倍，3 倍になる。

【たてに見る】

・だんの数の 4 倍がまわりの長さの数

POINT　表を横に見ても，縦に見ても「倍」でとらえることができる。今までになかった変化の面白さを感じ取らせましょう。

## 1　1辺が1cmの正方形の，階段の数とまわりの長さの関係を調べよう

4 段くらいまでは図を提示して考える。

1 段では 4cm，2 段になると 8cm　3 段ではどうなるかな？調べたら，表にしよう

続きを調べてノートに書こう

C　変化していくのは段の数とまわりの長さだから，その 2 つの項目で表を作ろう。

C　段の数によってまわりの長さが変わるから，先に段の数をかこう。

## 2　表を横や縦に見て，気がついたことを話し合いましょう

横に見たら，段の数が 1 増えたら，まわりの長さは 4cm ずつ増えている

段の数が 2 倍になったら，まわりの長さも 2 倍になっているよ

縦に見ると，たし算やひき算ではなくてかけ算の関係だね

段の数の 4 倍がまわりの長さになっている。横に見ても，縦に見ても「倍」になっている

前時までは，表を横や縦に見て，「1 増えると 4 増える」のように和や差で見ていたが，本時は「積」で見ることになる。

## ③ 〈式にしよう〉

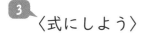

> だんの数 × 4 ＝ まわりの長さ

> □ × 4 ＝ △

・だんの数が 10 だんの場合

$$\boxed{10} \times 4 = \triangle\kern-0.6em{40} \qquad \underline{40\text{cm}}$$

・まわりの長さが 100cm の場合

$$\boxed{25} \times 4 = \triangle\kern-0.6em{100} \qquad \underline{25 \text{ だん}}$$

## ④ 〈長方形でも考えてみよう〉

| だんの数（だん）□ | 1 | 2 | 3 | 4 | 5 | 6 |
|---|---|---|---|---|---|---|
| まわりの長さ(cm)△ | 10 | 20 | 30 | 40 | 50 | 60 |

> □ × 10 ＝ △

**まとめ**

> ・2 つの数の関係の式がかけ算になることがある。
> ・関係の式に表しておくと、一方の数がわかれば、もう一方の数は計算で求めることができる。

---

## 3 2つの量の関係を表す式をかこう

C 「段の数×4＝まわりの長さ」です。

T 段の数を□、まわりの長さを△にして式にしましょう。

C 「□×4＝△」になります。

C 式に表しておくと、式を使って一方の数を求めることができます。

10 段のときのまわりの長さを求めよう

□を 10 にして
10×4＝40cm
です

式があれば図をかかなくても求められるね

まわりの長さが 100㎝のときの段の数も、式を使って求める。学習のまとめをする。

## 4 長方形の階段になると、どんな関係になるか考えよう

T 縦2cm、横3cmの長方形で、調べてみましょう。

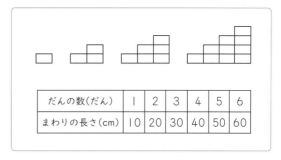

| だんの数（だん） | 1 | 2 | 3 | 4 | 5 | 6 |
|---|---|---|---|---|---|---|
| まわりの長さ(cm) | 10 | 20 | 30 | 40 | 50 | 60 |

C 段の数が2倍、3倍になると、まわりの長さも2倍、3倍になっている。

C 段の数に 10 をかけると、まわりの長さだ。

C 式にすると「段の数× 10 ＝まわりの長さ」

C 段の数を□、まわりの長さを△にすると
　　□× 10 ＝△だね。

ふりかえりシートが活用できる。

板書例

# 水のかさ（dL）と重さ（*g*）の関係

1

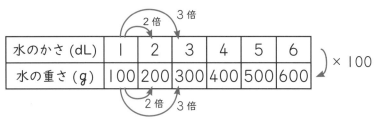

| 水のかさ (dL) | 1 | 2 | 3 | 4 | 5 | 6 |
|---|---|---|---|---|---|---|
| 水の重さ (*g*) | 100 | 200 | 300 | 400 | 500 | 600 |

$\times 100$

2

横に見る

・水のかさが 1dL 増えると，重さは 100*g* ずつ増える。
・水のかさが 2 倍，3 倍になると，重さも 2 倍，3 倍になる。

たてに見る

・水のかさに 100 をかけた数が
　水の重さ。

| 100 ×水のかさ＝重さ |
|---|

⋮　　⋮

| 100 ×　□　＝△ |
|---|

POINT　2 つの量の変わり方を表すものは，「表」と「式」，そして「グラフ」の 3 つです。グラフから水の量が増えたら同じよう

## 1 1dL ずつ水が増えると重さはどう変化するか，表にまとめましょう

台秤に水槽を置き，目盛りを 0 に合わせ，水を 1dL ずつ入れて，重さを計る。（水そうの重さは含まない）

表からきまりを見つけましょう。

水のかさが 2 倍，3 倍になると重さも 2 倍，3 倍になっている

水が 1dL 増えるごとに重さは 100g ずつ増えている

　「調べる→表にまとめる→表からきまりを見つける」は，これまでと同じ学習の進め方。
　ここで使用する秤はデジタル秤のように細かな単位まで表示されるのはふさわしくない。台秤で 100g 単位で読み取れる程度のものが適している。

## 2 2 つの量の関係を式に表そう

表を縦に見ると，水のかさに 100 をかけた数が水の重さになっているね

水 1dL が 100g だから，重さを求める式は，「100g× 水のかさ」と考えられるね

C　言葉の式だと「100 ×水のかさ＝水の重さ」です。
T　水のかさを□，水の重さを△にした式にしましょう。
C　「100 ×□＝△」になります。
T　8dL や 12dL だと何 g になりますか。
C　$100 \times 8 = 800$　8dL だと 800g です。
C　$100 \times 12 = 1200$　12dL だと 1200g です。
C　式を使えば簡単に求められるよ。

**3** 〈グラフに表そう〉

水のかさ と 重さ

まっすぐ右上に
のびた直線になる

**4**

5.5dL
550g

850g
8.5dL

**まとめ**

・グラフに表すと変化の様子がよくわかる。
・グラフからもう一方の数を見つけることもできる。

に重さも増えていることを読み取ります。

## 3 表をもとにグラフに表してみよう

T　水のかさと重さの関係をグラフに表してみま
しょう。どんなグラフになるでしょうか。

C　1dL ごとに 100g ずつ増えているから，点は規則
的に並びそうだね。

グラフ用紙を配る。

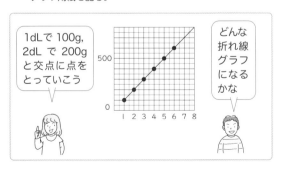

C　水のかさが増えると重さも増えている。

## 4 グラフを見てわかったことを話し合おう

T　どんなグラフができましたか。

C　まっすぐに右上に伸びる線がかけました。

T　そのまま右上に延長して線をひきましょう。

式で求めた 8dL の重さ 800g，12dL の重さ 1200g が
グラフでも表されているか確認する。

5.5dL だと何 g になりますか
また，850g だと何 dL ですか。
グラフから読み取りましょう

500g と 600g
の真ん中だか
ら，550g だと
思う

8dL と 9dL の
真ん中だから，
8.5dL だと思う

学習のまとめをする。

ふりかえりシートが活用できる。

# 面　積

## ◎ 学習にあたって ◎

**＜この単元で大切にしたいこと＞**

　　本単元では，面積についてその単位と測定の意味を理解し，長方形及び正方形の面積を求められるようにすることをねらいとしています。そのためには，形式的に公式や単位を暗記するだけではなく，そこに至る過程を大切にし，それらを活用できるようにすることで，豊かで楽しい学習にしていきたいものです。

**＜数学的見方考え方と操作活動＞**

　　面積は，長さやかさ，重さと同じように，「1 個，2 個…」とは数えることのできない連続量です。そこで，面積を表す共通な単位（普遍単位）を決める必要があるのです。直接比較→間接比較→個別単位→普遍単位の 4 段階を通して，普遍単位が作られていきます。その過程をたどりながら，面積の保存性や加法性といった面積の概念を身につけることが，単元を通して身につけたい内容に深く反映していきます。

　　面積の公式の学習では，1 列の個数×列の数という理解から，長さ×長さで求められるという理解へ高めていきます。

**＜個別最適な学び・協働的な学びのために＞**

　　面積は身近な量です。できるだけ実際に面積を扱った操作活動を取り入れ，$cm^2$，$m^2$，a，ha，$km^2$ などの量感を養うことを大切にしたいと思います。算数だけに限らず，社会科の学習でも面積を活用した資料が提示されます。その資料を主体的に読み取るためにも，面積の量感を養っておくことは大切です。

## ◎ 評　価 ◎

| 知識および<br>技能 | 面積の単位や測り方，長方形や正方形の面積を求める公式を理解し，公式を用いて面積を求めることができる。 |
|---|---|
| 思考力，判断力，<br>表現力等 | 既習の量の単位を基に面積の単位を考え，その単位を用いて面積を表そうとする。 |
| 主体的に学習に<br>取り組む態度 | 公式を用いて面積を求めることのよさに気づき，身のまわりの面積を進んで求めようとしている。 |

| 時 | 題 | 目　標 |
|---|---|---|
| 1 | 面積の概念 | 境目の途切れている形を調べる活動を通して，「面積」とは何かを知る。 |
| 2 | 面積を比べる | 面積を比べる活動を通して，切って形を変えても面積は変わらないこと，任意単位の個数で比べられることなどを知る。 |
| 3 | 面積陣取りゲーム　1cm² | 広さを 1 辺が 1cm の正方形の個数で比べられることがわかり，その正方形の広さを 1cm² ということを知る。 |
| 4 | 面積の性質<br>（加法性・保存性） | 形が変わっても面積は変わらないことがわかる（保存性）。面積はたしたりひいたりできること（加法性）がわかる。 |
| 5 | 面積の公式 | 長方形の面積は「縦×横」，正方形の面積は「1 辺×1 辺」で求められることがわかる。 |
| 6 | 1m² | cm² より大きな面積の単位としての m² を知り，m² を使って面積を表したり，m² と cm² の関係がわかったりする。 |
| 7 | 面積を cm² と m² で表す | 長さの単位が異なる長方形の面積を求めることができる。 |
| 8 | 複合図形の面積 | 複合図形の面積を工夫して求めることができる。 |
| 9 | a・ha・km² | 面積の単位「a，ha，km²」を知り，広い面積の量感を持つことができる。 |
| 10 | 面積の単位関係 | 面積の単位 cm²，m²，a，ha，km² の相互関係を，正方形の辺の長さと関連づけて理解できる。 |

板書例

# 「広いもの」といえば？

**1** 〈思いうかべるもの〉

・海
・空
・体育館
・宇宙
・広場
……

**2** 〈この土地は安い？〉

・このサクの中の広さの土地を2980円でゆずります。

この土地には「面積」がない！だまされている！

POINT 「面積」って何？ペープサートを使った寸劇を楽しく盛り上げて，「面積」の概念が学べるようにします。

---

## 1 「広いもの」と聞いて何を思い浮かべますか

体育館　運動場　海　空

思いつくまま「広いもの」を発表し合う。

T　この前，道を歩いていたら不動産屋さんに地図が貼ってあり，「この柵の内側の土地を2980円で売ります」と書いてあるのを見つけました。（地図を見せる）本当にこの通りに柵も土地もありました。思わず欲しいなと思っていたら，知らないおじいさんがこう叫んだのです。『だまされてはいけないよ。この土地には【面積】がないのだから！』

T　みなさん，この「面積」って何だと思いますか？

QRコードから，紙芝居を使った授業を見て参考にできる。

## 2 地図を見て何かおかしなところはありませんか

2980円じゃ安すぎるよ。絶対に怪しいよ

線が途切れているところがあるけどいいのかな？

T　なるほど。確かに線がつながっていないところがあるね。するとどうなるのでしょう？

先生とおじいさんのペープサートで寸劇をする。

最初に先生を柵の内側，おじいさんを外側に置く。おじいさんは柵の中に入ろうとすると，先生は「この柵の内側は僕の土地だぞ！」と言い返す。やがておじいさんが柵のないところから内に入って来てしまう。「柵がないから内側もないじゃないか！」先生は困った顔に，おじいさんは笑顔になる。この寸劇を子どもたちにもやってもらう。

<table>
<tr><td rowspan="2">準備物</td><td>QR 提示用地図</td></tr>
</table>

準備物
QR 提示用地図
・ペープサート（おじさん）
QR 紙芝居動画
「キューちゃんのお小遣いを取り戻せ」①②

ICT モニターに写真（子どもが出しそうな空や海等）や紙芝居を投影しながら展開していくと，興味関心を高められる。

**3** 〈「面積」とは何かを考えよう〉

まとめ
> 内と外のさかいがはっきりしている
> 広さのことを<u>面積</u>といいます。

さかいのないものには，面積があるとは言えない。

**4** 〈「面積」あるなし クイズ〉

## 3 面積は何かをまとめよう

T　内と外の境がはっきりしている広さのことを「面積」といいます。この地図の土地は境が途切れているので…。
C　面積がないんだね。
T　授業のはじめにみんなが発表してくれた「広いもの」に面積があるか確かめてみましょう。

海には境目があるのかな？
空には面積があるとはいえないね

体育館や運動場には，境目があるから面積があります

学習のまとめをする。

## 4 面積のあるなしクイズをしよう

イラストを提示する。

T　『面積あるなしクイズ』です。この形には面積があるでしょうか，ないでしょうか。

T　隣同士で問題を出し合ってみよう。面白い形や難しい形ができたらみんなに紹介しましょう。

　どんな不定形でも，境が閉じていれば面積があることを確かめる。パソコンの「お絵描きソフト」で色を流し込んでみるとよくわかる。

板書例

## 面積の大きさをくらべよう

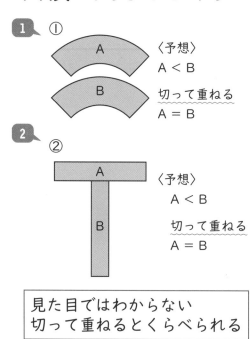

1　①
〈予想〉
A ＜ B
切って重ねる
A ＝ B

2　②
〈予想〉
A ＜ B
切って重ねる
A ＝ B

見た目ではわからない
切って重ねるとくらべられる

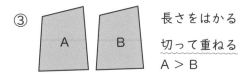

③
長さをはかる
切って重ねる
A ＞ B

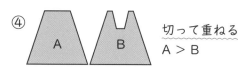

④
切って重ねる
A ＞ B

まわりの長さではくらべられない

⑤
同じ面積
あな（○）が大きい
ほど小さい

A ＞ B

POINT　面積の大きさ比べを話し合いをしながら進めます。出し合ったアイデアを取り上げながら，面積の保存性や加法性など，

## 1　①の面積の大きさを比べよう

ワークシートを使って学習する。

T　AとBではどちらの面積が大きいでしょうか。

C　Bの方が広いと思います。

C　本当かな？だまされているんじゃないかな？

T　どうすれば面積の大きさが比べられますか？

長さを測ったらどうだろう

AとBの2つを切り取って重ねてみたらいいよ

C　重ねて見ると，あれ！AとBは同じ大きさだ。

C　やっぱり見た目だけではわからないね。

C　Bの方が大きく見えたんだけど，不思議だね。

## 2　②～⑤もどちらの面積が大きいか，グループで調べてみましょう

C　切って重ねて比べてみると確かに分かるね。

C　まわりの長さでは比べられないかな。

④のまわりの長さを測るとBの方が長いからBの方が面積は大きいかな

ぴったり重ねてみると，Bの欠けている部分だけBの方が小さいよ

C　まわりの長さでは面積の大きさは比べられないんだね。

T　目で見てはっきりわからなくても，切って重ねると面積の大きさを比べることができましたね。

110

**3** ⑥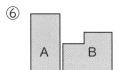
切って形を変えて
重ねる
A ＜ B

> 切って形を変えても
> 面積の大きさは変わらない

⑦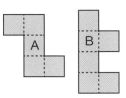
切って形を
変えて重ねる
A ＜ B

> 正方形の何こ分でくらべる
> ことができる

**4**

まとめ

> ・重ねてくらべたらわかる。
> ・まわりの長さでくらべることはできない。
> ・切って形を変えても面積は変わらない。
> ・同じ正方形に分け，その数でくらべることができる。

面積の性質の理解へつないでいきます。

---

## 3 重ねても比べられない面積はどうやって比べたらいいですか

C ⑥は重ねても比べられないよ。

C 重ねて比べられるように，切って形を変えてみたらどうかな。形が変わっても，もとの形と面積は同じだからね。

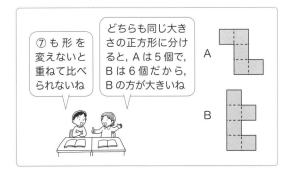

> ⑦も形を変えないと重ねて比べられないね

> どちらも同じ大きさの正方形に分けると，Aは5個で，Bは6個だから，Bの方が大きいね

A

B

　直接重ねて比べられないことから，切って形を変えて比べる方法（等積変形）を。そして，任意単位の個数で比べる方法を導き出します。

## 4 面積の大きさ比べをしてわかったことをまとめよう

　①～⑦をふりかえり，学習のまとめとする。

> ①② …見た目ではわからないことがある。
> 　　　重ねて比べたらわかる。
> ③④ …まわりの長さで比べることはできない。
> ⑤ 　…同じ面積なら，穴が大きいほど面積は小さい。
> ⑥ 　…切って形を変えても面積は変わらない。
> ⑦ 　…正方形の数で比べることができる。

　ふりかえりシートが活用できる。

本時の目標 | 広さを 1 辺が 1㎝の正方形の個数で比べられることがわかり，その正方形の広さを 1㎝² ということを知る。

板書例

## じん取りゲームをしよう

**1**

〈じん取りゲームのルール〉

① じゃんけんで勝った順に
自分のコーナーをえらぶ。

② じゃんけんで勝ったら，自分の
コーナーにとなり合ったますを
１つぬる。

③ 次に勝ったら，自分のぬったと
なりのますを １つぬる。

④ かこんだ中のますも自分のじん
地にできる。

⑤ 取れるところがなくなったら
ゲームは終わり。

⑥ ぬった面積が広い方から順位を
決める。

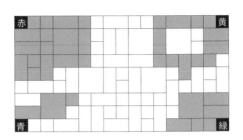

**2** 〈くらべ方を考えよう〉

小さい正方形の何こ分かでくらべる

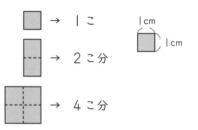

POINT ゲームをすることで，実感を伴って 1cm² の大きさが楽しく身に付くようにしましょう。

## **1** 陣取りゲームをしてみよう

4 人 1 組で陣取りゲームをする。
陣取りゲームのルールを確認する。

T じゃんけんで勝ったら 1 ます色をぬることができ
ます。最終的にぬった面積がいちばん大きい人の
勝ちです。

> 大きなますを取った
> 方が有利だね

> まわりを囲んだら，
> その中もぬることがで
> きるよ

T 誰がいちばん広く陣地をとることができました
か。どうやって比べたらいいでしょう。

## **2** 誰の陣地がいちばん広いか比べる
方法を考えよう

T 比べる方法をみんなで考えましょう。

C 切り取って重ねるのも大変そうだから…。

C 同じ大きさのますの数で比べたらいいと思うな。

C 前の時間に正方形の数で比べることができたよ。

> 大きな正方形は
> 小さな正方形の
> 4 個分

> 長方形は
> 小さな正方形
> の 2 個分だ

C それぞれ小さい正方形の何個分になるかを調
べてみよう。

③
④

1cm² （1 平方センチメートル）

〈自分のじん地を cm² で表してみよう〉

1cm² が ……………… 20 こ　20 ㎠

………… 21 こ　21 ㎠

………… 18 こ　18 ㎠

まとめ

面積は 1 辺が 1cm の正方形
1cm²（平方センチメートル）が
何こあるかで表すことができる。

---

## 3 小さな正方形（任意単位）で比べてみよう

T 自分の陣地を正方形の数で表してみましょう。

　それぞれ自分の陣地が小さい正方形の何個分になるかを計算する。

大きな正方形が 1 個，長方形が 5 個，小さい正方形が 6 個だから，小さい正方形 20 個分になるよ

私は，全部合わせると小さい正方形 21 個分だ

　4 人の個数を出して順位を決める。

T もとになる大きさを決めて，その何個分かで面積を比べることができましたね。

## 4 面積の単位について知ろう

T 小さい正方形の 1 辺は何 cm ですか。

C 1cm です。

T 面積は，1 辺が 1cm の正方形が何個分あるかで表すことができます。

　この 1 辺が 1cm の正方形の面積を 1㎠と書き，1 平方センチメートルと読みます。

ぼくは 1cm² が 20 個あるから，20cm² です

私は 21 個だから，21cm² です

　陣取りゲームによって，1cm² の大きさや，面積は 1cm² の何個分で表せることが実感できる。

　学習のまとめをする。
　ふりかえりシートも活用できる。

# 面積の性質（加法性・保存性）

本時の目標 形が変わっても面積は変わらないことがわかる（保存性）。面積はたしたりひいたりできること（加法性）がわかる。

板書例

## cm² を使って面積を表そう

**1**

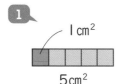

1cm²

5cm²

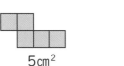

5cm²

5cm²

形は変わっても
面積は変わらない。

**2** 〈合わせると何cm²？〉

① 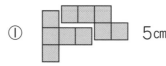 　5cm²＋5cm²＝10cm²

② 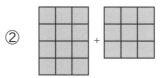 　12cm²＋9cm²＝21cm²

③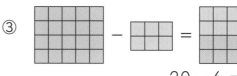

20 － 6 ＝ 14
（cm²）　（cm²）　（cm²）

面積はたしたり
ひいたりすることができる。

POINT 子どもたちが自分たちで図形を操作しながら，形を変えても面積は変わらないことや，面積はたしたりひいたりできること

## **1** 面積を cm² を使って表しましょう

ワークシートを使って学習する。
1cm² に見立てた正方形をいくつか用意する。

C　1つの正方形の面積は 1cm² です。

T　これは，何cm² ですか。

正方形5つを黒板に横一列に貼る。

C　1cm² が5こだから 5cm² です。

では，これは何cm² でしょう？

5cm² です

これも
5cm² です

形が変わっても面積は同じことを確認する。

## **2** 5cm² と5cm² を合わせると何 cm² ですか

C　1cm² が 10 個になるので 10cm² です。

T　ワークシート②の問題もしてみましょう。

12cm² と 9cm² を合わせるので，
21cm² です

1cm² が 21 個分あるからら 21cm² だ

C　面積はたすことができるんだね。1cm² が全部で何個と考えたらいいから。

T　ワークシート③の，20cm² から 6cm² を切り取ると何cm² でしょう。

C　ひき算で求めます。20 － 6 で 14cm² です。

図を操作して答えを確かめる。

T　面積は，たしたりひいたりすることができます。

| 準備物 | ・板書用 1cm² 板書用図<br>QR ワークシート<br>QR ふりかえりシート | ICT | 正方形（図）の入ったスライドを配信し，図を複製して移動する等できるようにすると，面積を捉えやすくなる。 |  |

**3** ＜面積を求めよう＞

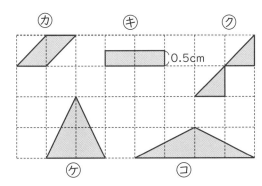

⑰カ　1cm²

⑰キ　1cm²

⑰ク　1cm²

⑰ケ　2cm²

⑰コ　2cm²

**4** ＜面積が 6cm² の形をかいてみよう＞

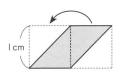

※作品を紹介する。

が，ストンと納得できるようにしましょう。

## 3 カ～コの面積を工夫して求めましょう

C 縦，横がそれぞれ 1cm だから，1 ますは 1cm² だ。形を変えれば面積が求められそうだね。

C ⑰カは三角形を移動させたら正方形になる。

C 面積はちょうど 1cm² だ。

T ⑰キ～⑰コはどう考えたらいいでしょう。考え方を説明してみましょう。

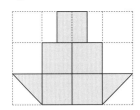

⑰キは，長方形をもう 1 つの長方形の上に移動させたら正方形になるから，1cm² です

⑰ケは，三角形を縦半分に分けたものを逆さにして移動すると，正方形 2 個分になるから 2cm² です

形が変わっても面積は同じことを再度確認する。

## 4 方眼に面積が 6cm² のいろいろな形をかいてみよう

各自が自由に考えてかくようにする。

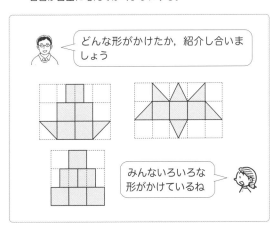

どんな形がかけたか，紹介し合いましょう

みんないろいろな形がかけているね

ふりかえりシートが活用できる。

板書例

## 面積をもとめる公式をみつけよう

**1**

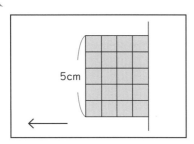

5cm

$$5 \times 1 = 5(\text{cm}^2)$$
$$5 \times 2 = 10(\text{cm}^2)$$
$$5 \times 3 = 15(\text{cm}^2)$$

**2** ＜長方形の面積を求めよう＞

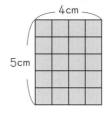

4cm

5cm

（こ）（こ）（こ）
$$5 \times 4 = 20$$
（cm）（cm）（cm²）

$$\underline{20\text{cm}^2}$$

□ の　たての数→たての長さ
1cm²　横の数　→横の長さ

公式

長方形の面積＝たて×横

POINT 教具を使って，長方形の面積は「縦の長さ×横の長さ」で求められることを，印象深く学習できるようにしましょう。

**1** 縦と横の長さは何 cm で，面積は何 cm² ですか

ワークシートを使って学習する。

　下の図のように台紙 A の中央辺りに縦 5cm の切込みを入れ，B の方眼紙を，A の裏面から差し込みます。B を横に 1cm ずつ引き出し，縦に 5 個並んだ 1cm² が横に 1，2，…cm と増えていく様子を見せる。

C　縦は 5 個で 5cm，横は 1 個で 1cm です。

C　1cm² が 5 個で 5cm² です。

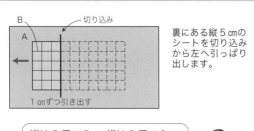

B　　　切り込み
A

裏にある縦 5cm のシートを切り込みから左へ引っぱり出します。

1cm ずつ引き出す

縦は 5 個で 5cm，横は 3 個で 3cm，面積は 1cm² が 5 × 3 = 15 で 15cm²

**2** 長方形の面積の求め方を考えましょう

C　1cm² の正方形が縦，横に並ぶ数をかけ算をすればいいです。

T　長方形の面積は，1cm² が縦に並ぶ数と横に並ぶ数，つまり長方形の『縦の長さ×横の長さ』で求めることができます。このような便利な式を公式といいます。

縦 4cm，横 6cm の長方形の面積を求めましょう

縦に 4 個並んだ 1cm² が横に 6 列あるんだね

公式にあてはめると，
4×6＝24　24cm²

**3**

## ＜正方形の面積を求めよう＞

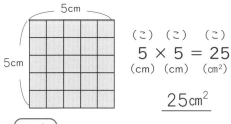

（こ）（こ）（こ）
$5 × 5 = 25$
（cm）（cm）（cm²）

$\underline{25cm^2}$

公式

正方形の面積＝ １辺 × １辺

## まとめ

長方形や正方形の面積は
公式を使って求めることができる。

**4**

## ＜長方形の横の長さを求めよう＞

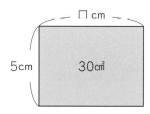

□cm

5cm　30㎠

たて×横＝ 30

$5 × □ = 30$
$□ = 30 ÷ 5$
$□ = 6$

$\underline{6cm}$

---

**3**　**1辺が5cmの正方形の面積を求めよう**

C　長方形と同じように考えたら求められるよ。

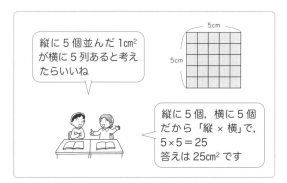

縦に5個並んだ1cm²が横に5列あると考えたらいいね

5cm

5cm

縦に5個，横に5個だから「縦 × 横」で，
$5×5＝25$
答えは25cm²です

T　正方形はどの辺も同じ長さなので，公式は
　『１辺×１辺』になります。

　　公式を使って長方形や正方形の面積を求める練習をする。

　　学習のまとめをする。

**4**　**長方形の横の長さを求めよう**

T　面積が30cm²で，縦の長さが5cmの長方形があります。この長方形の横の長さは何cmでしょうか。

C　公式にあてはめたら求められるよ。

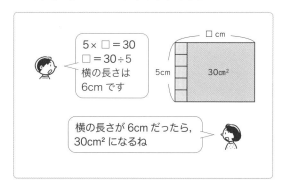

$5× □ ＝30$
$□ ＝30÷5$
横の長さは
6cmです

□cm

5cm　30cm²

横の長さが6cmだったら，
30cm²になるね

ふりかえりシートが活用できる。

| 本時の目標 | cm² より大きな面積の単位としての m² を知り，m² を使って面積を表したり，m² と cm² の関係がわかったりする。 |

板書例

## 教室の面積を求めよう

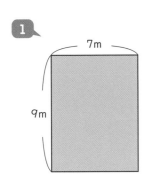

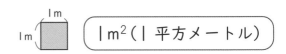

$1m^2$（1 平方メートル）

$$700 \times 900 = 630000$$
（cm）　（cm）　（cm²）

$$630000 cm^2$$

もっと大きな単位があればいい

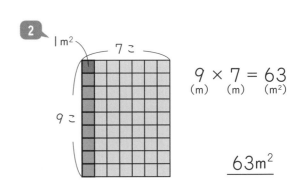

$$9 \times 7 = 63$$
（m）（m）（m²）

$$63m^2$$

POINT　1m² の広さが実感できるように，新聞紙で 1m² を作る活動をしましょう。そして，みんなが作った 1m² を並べてみると，

**1** 縦が 9m，横が 7m の教室の面積を求めよう

　ワークシートを使って学習する。

C　9m は 900cm で，7m は 700cm。
　900 × 700 = 630000　630000cm² だね。

C　この教室に 1cm² を敷き詰めると 630000 個敷き詰められるということか。想像できないね…。

C　もっと大きな面積を表す単位はないのかな。

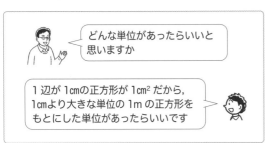

どんな単位があったらいいと思いますか

1 辺が 1cm の正方形が 1cm² だから，1cm より大きな単位の 1m の正方形をもとにした単位があったらいいです

T　1 辺が 1m の正方形の面積を 1m² と書き，1 平方メートルとよみます。

**2** 教室の面積を m² で表そう

C　縦が 9m，横が 7m の長方形の中に，1m² がいくつ並ぶか考えたらいいです。

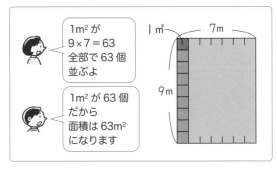

1m² が
9 × 7 = 63
全部で 63 個
並ぶよ

1m² が 63 個
だから
面積は 63m²
になります

C　長さが m のときの面積は m² を使って表したらいいね。

C　単位が m² になっても公式を使って求めることができるよ。

---

**3** 〈1m² を作って見よう〉

〈ドッジボールコートの面積〉

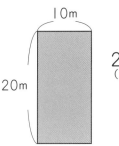

$$20 \times 10 = 200$$
$$\text{(m)} \quad \text{(m)} \quad \text{(m}^2\text{)}$$

$$\underline{200\text{m}^2}$$

まとめ

> 広い面積は m² を使って
> 表すことができる。

**4** 〈1m² は何 cm² だろうか〉

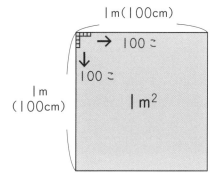

$$100 \times 100 = 10000$$
$$\text{(こ)} \quad \text{(こ)} \quad \text{(こ)}$$

> 1m² = 10000cm²

---

m² で表す面積の量感が得やすくなります。

---

## 3 新聞紙で 1m² を作ってみよう

　全員が新聞紙でそれぞれ 1m² を作る。（子ども 1 人に見開き 3 枚は必要）友だちと協力しながらガムテープで貼り合わせる。次時以降も使用する。

C　この 1m² が教室に 63 個並ぶのかな？

　教室全体に敷き詰めるのは難しいが，縦と横 1 列だけでも並べてみると実感がわく。

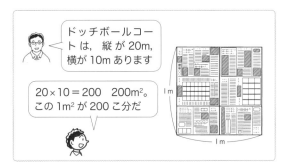

ドッチボールコートは，縦が 20m，横が 10m あります

20×10＝200　200m²。この 1m² が 200 こ分だ

学習のまとめをする。

## 4 1m² は何㎝² になるか考えよう

　黒板に 1m² と 1㎝² を並べて提示する。

C　随分大きさが違うね。

C　1m² の中に 1㎝² が何個くらい並ぶのかな。

1m は 100㎝だから，縦に 100 個並びます

横にも 100 個並ぶ

C　縦，横にそれぞれ 100 個だから 100 × 100
　＝ 10000，10000 個並びます。

　　「1m² ＝ 10000㎝²」であることをまとめる。
　　1㎝² を 10000 個敷き詰めた映像が利用できる。

　　ふりかえりシートが活用できる。

# 面積を cm² と m² で表す

板書例

## m² や cm² で身のまわりの面積を求めよう

1  $1m^2 = 10000cm^2$

面積を求めるときは，
長さの単位をそろえる。

50cm ⬜ [🌷🌷] 2m

3
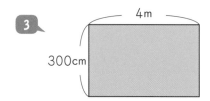

・300cm = 3m
　3 × 4 = 12

・4m = 400cm
　300 × 400 = 120000

　　　12m², 120000cm²

2  式　2m = 200cm

50 × 200 = 10000
(cm)　　(cm)

10000cm², 1m²

POINT　いろいろなところの面積を予想して，実際に面積を求めます。身近な面積を求めることで，学習が実際の生活と一層つながっ

---

**1** 1m² の広さを確かめよう

> 新聞紙 2 枚半くらいだったから，机 2 個分ぐらいだよ。

> そうだね。教室の戸の半分くらいかな

　1m² がどのくらいの大きさかを，身のまわりのものからつかませたい。
　また，1m² = 10000cm² も確かめる。

T　4 年生の花壇はどのくらいの広さだと思いますか。
C　長方形をした花壇ですね。
T　長さを測ると縦が 50cmで，横が 2m でした。
C　面積は，50 × 2…あれ？単位が違う？
C　cm² と m² どちらで表したらいいのかな？

**2** 縦 50cm，横 2m の面積を求めましょう

> 単位を揃えて計算したらいいよね

> 2m は 200cmだから，cmの単位になおして計算したらいいよ。
> 50 × 200 = 10000　で 10000cm² だね

> 10000cm² は 1m² と表すこともできるね

C　1m² = 10000cm² と知っているからできたね。
T　辺の長さの単位が違うときは，単位を揃えてから計算するといいですね。

| 準備物 | ・巻尺<br>・前時に作った 1m²<br>QR ふりかえりシート | ICT | 表計算ソフトで作った表を配信し，表を共同編集していくようにすると，学級全体での調べ学習に発展できる。 |
|---|---|---|---|

**4** ＜身のまわりにある面積を求めよう＞

| 調べるところ | 予想 | 結果 |
|---|---|---|
| 黒板 | 4m² | 3 ～ 4m² |
| 体育館 | 400m² | 750m² |
| ろう下 | | |
| ホール | | |
| | | |

感想

て感じられます。

## 3 ㎝か m, どちらかの単位に揃えて計算しよう

T　縦が 300㎝，横が 4m の長方形の面積は何m² ですか。また，何㎝² ですか。

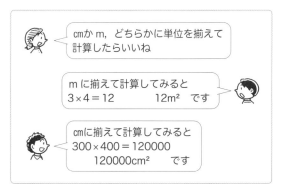

㎝か m, どちらかに単位を揃えて計算したらいいね

m に揃えて計算してみると
3×4 = 12　　　　12m²　です

㎝に揃えて計算してみると
300×400 = 120000
　　　　120000cm²　です

　㎝と m どちらに揃えても計算できる問題だが，m に揃えた場合，小数のかけ算になると未習内容になる。

　「1m² = 10000㎝²」をもとに，12000cm² = 1.2m² のような小数で表すことはできる。

## 4 身の回りにある長方形や正方形の面積を求めましょう

T　グループに分かれて，まずは広さを予想してから調べましょう。
C　どんなものがあるかな…，黒板。
C　体育館。
C　廊下はどうかな。

　巻尺を使って長さを調べて求めるようにする。
　前時に新聞紙で作った 1m² を並べて置いてみる。
　調べた結果は板書して，紹介し合えるようにする。

　学習の感想を書く。

　ふりかえりシートが活用できる。

板書例

# 工夫して面積を求めよう

あ

**1**

> A さんの土地は，たて 20m，
> 横 8m でした。となりのあき地は
> たて 10m，横 12m です。
> A さんはこのあき地を買いました。
> A さんの土地は何m²になりましたか。

い

> B さんの土地は，たて 20m，
> 横 20m でした。となりにお店ができた
> ので土地の一部，たて 10m，横 12m を
> 売りました。
> B さんの土地は何m²になりましたか。

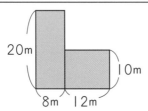

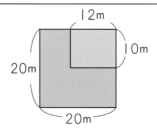

$$20 \times 8 = 160$$
$$10 \times 12 = 120$$
$$160 + 120 = 280$$
$$\underline{280m^2}$$

$$20 \times 20 = 400$$
$$10 \times 12 = 120$$
$$400 - 120 = 280$$
$$\underline{280m^2}$$

(POINT) 面積は形を変えても大きさは変わらない，（面積の保存性）面積はたしたりひいたりできる（面積の保存性），といった概念

## **1** A さんと B さんの土地の面積を求めよう

問題文あを提示する。

T あの土地の面積を求めましょう。

C 合わせるのだから 2 つの面積をたせばいいね。

C はじめの土地の面積は，$20 \times 8 = 160$
160m² です。そして，買った土地の面積は，
$10 \times 12 = 120$  120m²，合わせて $160 + 120$
$= 280$  280m² です。

問題文いを提示します。

> はじめの土地は，
> $20 \times 20 = 400$  400m²。
> 売った土地は，
> $10 \times 12 = 120$  120m²

> 売ったのだから，
> 今度は「ひき算」
> で求めたらいい。
> $400 - 120 = 280$
> 280m²です

## **2** C さんの土地の面積の求め方を考えよう

C A さん B さんの土地を求めたのと同じように，
土地を分けたり，ひいたりしたら求められそうだね。

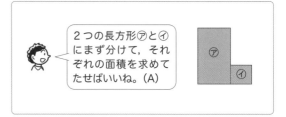

> 2 つの長方形⑦と⑦
> にまず分けて，それ
> ぞれの面積を求めて
> たせばいいね。(A)

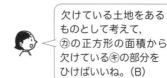

> 欠けている土地をある
> ものとして考えて，
> ⑦の正方形の面積から
> 欠けている⑦の部分を
> ひけばいいね。(B)

2

**＜Cさんの土地の面積＞**

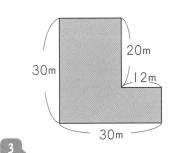

4

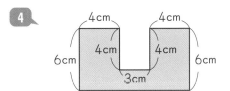

たし算
$$6 \times 4 \times 2 = 48$$
$$2 \times 3 = 6$$
$$48 + 6 = 54 \qquad \underline{54m^2}$$

3

たし算

$$30 \times 18 + 10 \times 12 = 660$$
$$\underline{660m^2}$$

ひき算

$$30 \times 30 - 20 \times 12 = 660$$
$$\underline{660m^2}$$

ひき算
$$6 \times (4 \times 2 + 3) = 66$$
$$4 \times 3 = 12$$
$$66 - 12 = 54 \qquad \underline{54m^2}$$

まとめ

公式が使える長方形や正方形に分けて
面積を求めてから，たしたりひいたりする。

の理解が今後の学習の基礎になります。

## 3 面積の求め方を話し合おう

代表の子どもが求め方を説明する。長さが書かれていない
辺の長さをどうやって求めたのかも確認する。

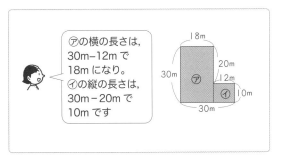

⑦の横の長さは，
30m−12mで
18mになり。
①の縦の長さは，
30m−20mで
10mです

C わかっている辺の長さをもとにして求めればい
いね。

T ほかの求め方をした人はいますか。

多様な考え方を認め合い，話し合う。

C 面積の公式が使えるように，形を長方形や正方形
にして考えたらいいんだね。

## 4 次の凹型の面積を工夫して求めよう

C 面積が求められる長方形や正方形に変形して求め
てみよう。

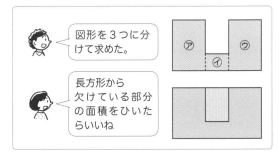

図形を3つに分
けて求めた。

長方形から
欠けている部分
の面積をひいた
らいいね

学習のまとめをする。

ふりかえりシートが活用できる。

本時の目標 面積の単位「a, ha, km²」を知り，広い面積の量感を持つことができる。

## 大きい面積の単位を知ろう

※教室内で授業をする際の板書例です。

板書例

**1**
**2**

┌ 1m²
1a アール
(100m²)
10m
10m

**3**
┌ 1m²
1ha ヘクタール
(10000m²)
100m
100m

2つ分でドッジボールができる広さ

田畑の面積に使うことが多い。

学校全体の広さ
山林や牧場の広さに使うことが多い。

(POINT) 運動場へ出るなどして，実際に広さが体感できる工夫をしましょう。

## 1 さらに大きい面積を表す単位を知ろう

運動場で授業を行う。

T 広い面積を表すときに m² という単位を使いました。1m² は 1 辺が 1m の正方形の面積の広さでした。

運動場に 1m² の正方形をかく。

T 面積の単位には，さらに大きい面積を表すものがあります。

1辺が何 m の正方形をもとにした単位だと思いますか

1m の次だから 10m とか

100m とか

1km もある？

T その通りです。1 辺が 10m，100m，1km の正方形をもとにした単位がすべてあります。

## 2 1辺が 10m の正方形の面積が 1a です

T 1 アールと読みます。1a は何 m² ですか。

C 10m × 10m = 100m² です。

C 1a はどのくらいの大きさかな。

T 1a の正方形をかいてみましょう。

1m² に揃えて，1a（100m²）の正方形をかく。
1m² の何倍くらいの大きさかを体感させたい。

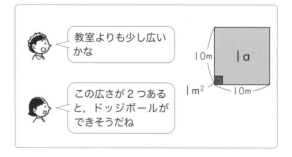

教室よりも少し広いかな

この広さが 2 つあると，ドッジボールができそうだね

10m
1a
1m²
10m

T 運動場全体は何 a くらいだと思いますか。

実際の長さと面積を教え，広さの感覚をつけたい。

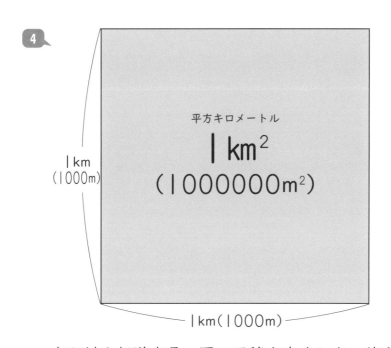

4

平方キロメートル

$1 km^2$

$(1000000m^2)$

1km
（1000m）

1km（1000m）

市町村や都道府県，国の面積を表すときに使う。

## 3 1辺が100mの正方形の面積が1haです

T 『1ha』（1ヘクタール）と読みます。1辺が100mなので10000m²でもあります。

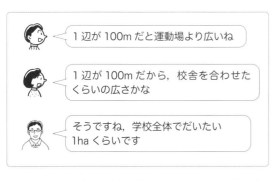

1辺が100mだと運動場より広いね

1辺が100mだから，校舎を合わせたくらいの広さかな

そうですね，学校全体でだいたい1haくらいです

　身近なものをhaで表すとどのくらいになるかを紹介できると実感できやすい。

　また，「a」は田や畑などの土地の面積を表すのに使われ，「ha」は山林や牧場などの面積を表すのに使われることも説明しておく。

## 4 1辺が1kmの正方形の面積が1km²です

T 『1km²』（1平方キロメートル）と読みます。

　1辺が1000mなので1000000m²です。

C 1km²はどのくらいの面積なのかな？

　屋上に上がったり，学校周辺の地図を使ってどのくらいの広さかを知らせるのも一つの方法です。身近なものでイメージできるようにしておくことが大切。

「km²」で表す面積にはどんなものがあるのかな

市町村や県の面積，国の面積もkm²を使うね

学習のまとめをする。

ふりかえりシートが活用できる。

## 第 **10** 時

# 面積の単位関係

本時の目標：面積の単位 cm², m², a, ha, km² の相互関係を, 正方形の辺の長さと関連づけて理解できる。

---

**板書例**

## 面積の単位の関係をまとめよう

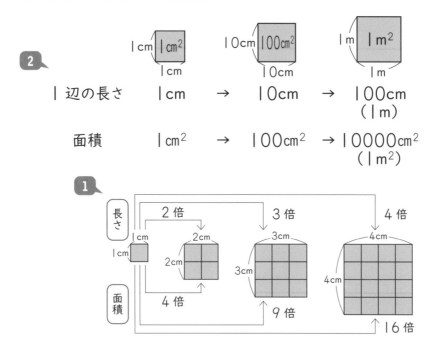

2

| 1辺の長さ | 1cm | → | 10cm | → | 100cm（1m） |
|---|---|---|---|---|---|
| 面積 | 1cm² | → | 100cm² | → | 10000cm²（1m²） |

POINT 1m² は 1m, 1a は 10m, 1ha は 100m, 1km² は 1kmと, 正方形の 1 辺の長さの関係を理解しておくと, 面積の単位はバッ

---

**1** 1cm² の 1 辺の長さを 2 倍にすると, 面積は何倍になるでしょうか

C　辺の長さが 2 倍なら, 面積も 2 倍になるんじゃないかな。

C　計算してみよう。1 辺の長さは 2cmで面積は 4cm²だから, 面積は 4 倍になっている。

T　では, 1 辺の長さを 3 倍, 4 倍したら面積はどうなるでしょうか。

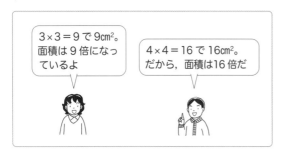

3×3＝9で9cm²。面積は 9 倍になっているよ

4×4＝16で16cm²。だから, 面積は16倍だ

辺の長さが□倍になると, 面積は□×□倍になっていることを確かめる。

---

**2** 辺の長さが 10 倍になると面積は何倍になりますか

C　辺の長さが 10 倍だと, 面積は 10 × 10 で100 倍だよ。

C　辺の長さが 1cm の 10 倍の 10cmになると, 10 × 10 ＝ 100 で 100cm²。やっぱり 100 倍になっているね。

さらに辺の長さを 10 倍してみよう

10cmの 10 倍は 100cm, 1m になります

その正方形の面積は 1m² です。100×100 ＝ 10000cm² とも表せます

正方形の辺の長さを 1cmから順に 10 倍していき, 面積を求める。

長さの単位と面積の単位の関係を図にまとめる。

126

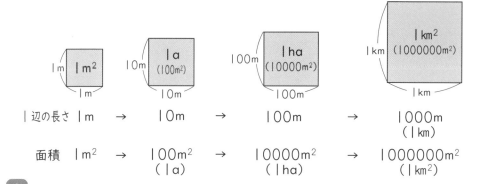

| 1辺の長さ | 1m | → | 10m | → | 100m | → | 1000m（1km） |
| 面積 | 1m² | → | 100m²（1a） | → | 10000m²（1ha） | → | 1000000m²（1km²） |

**3** 正方形の 1 辺の長さが 10 倍になると，面積は 100 倍になる。

### 長さと面積の単位の関係

| 1辺の長さ | 1cm | 10cm | 1m（100cm） | 10m | 100m | 1km（1000m） |
|---|---|---|---|---|---|---|
| 正方形の面積 | 1cm² | 100cm² | 1m²（10000cm²） | 100m²　1a | 10000m²　1ha | 1km²（1000000m²） |

チリ理解できる。

---

C 1mを10倍したら10m，面積は 10 × 10 = 100（m²）で，1aともいうね。

C さらに10倍して100m，面積は 100 × 100 = 10000（m²）で，1haともいうよ。

C さらに10倍したら1000m，1kmだね。面積は 1km² で 1000 × 1000 = 1000000（m²）ともいえるよ。

T ここまで学習して，わかったことや気づいたことはありますか。

辺の長さが 10 倍になると，面積は 100 倍になっています

1mだと 1m²，
10mだと 1a，
100mだと 1ha，
1000mだと 1km²。
辺の長さが 10 倍になるとより大きな面積の単位になる

---

**3** 正方形の 1 辺の長さと面積の関係を表にまとめましょう

### 長さと面積の単位の関係

| 1辺の長さ | 1cm | 10cm | 1m（100cm） | 10m | 100m | 1km（1000m） |
|---|---|---|---|---|---|---|
| 正方形の面積 | 1cm² | 100cm² | 1m²（10000cm²） | 100m²　1a | 10000m²　1ha | 1km²（1000000m²） |

「cm²，m²，a，ha，km²」など，面積の単位はいくつもあり，苦手とする子も多い。しかし，面積の単位を長さの単位と関連づけることで理解しやすくなる。

「1m² → 1m，1a → 10m，1ha → 100m，1km² → 1km」と，面積を正方形の 1 辺の長さで覚えておくと思い出しやすいことを伝える。

学習の感想を書く。

ふりかえりシートが活用できる。

# 小数のかけ算とわり算

## ◎ 学習にあたって ◎

### ＜この単元で大切にしたいこと＞

　　かけ算とは「同じ数ずつのあるものがいくつ分かあるとき，全部の数を求める計算」，わり算とは「ある量を等分して，１あたりの数を求める計算」と「ある量を１あたりの数で分けて，いくつ分を求める計算」であることを，もう一度しっかりふり返ります。

　　計算の仕方も整数×整数，整数÷整数の計算をしてから，積や商に小数点を打ちます。どこに小数点を打つ必要があるのか，ブロック図を使って考えることができるようにします。

### ＜数学的見方考え方と操作活動＞

　　「×整数」の範囲では，例えば「×３」というのは３つ分とか，３人分，３回分のように，同じ量のものをいくつ分か集めてきて，全部の量を求める計算ととらえることができます。しかし，このままでは，小数や分数のかけ算が理解しにくくなります。

　　「× 0.3 でかけ算したのに，どうして答えが小さくなるの。」

　　「$\frac{2}{3}$ 回分集めるって，何を求めているんだろう。」

など，場面から式を立てることが困難になります。３年生までの「同じ数ずつ集める」というような操作（ものの動き）による演算から，高学年ではものの質や状態を問う乗法に発展させなければなりません。そのため，この単元では，かけ算を「全体量を求める」計算という意識を強めるために，かけ算の図（４マス表）を使い，構造的に理解できるように学習します。

　　わり算でも同じように，「分ける」から，「１あたりを求める」「いくつ分を求める」計算へと意識を強めるために，わり算の図（４マス表）を学習します。

＜かけ算の図＞（４マス表）

| 0.5 L |   | L |
|---|---|---|
| 1本 |  | 3本 |

＜わり算の図＞（４マス表）

|   | L | 2.4 L |
|---|---|---|
|  | 1人 | 4人 |

| 2.5 L | 10 L |
|---|---|
| 1人 |  人 |

### ＜個別最適な学び・協働的な学びのために＞

　　かけ算・わり算の筆算は，整数の計算とやり方は同じですが，積や商の小数点の位置が問題になります。「かけられる数・わられる数の小数点にそろえます」と教えれば簡単ですが，なぜ小数点を打たなければいけないのか子ども自身が説明できるようにします。ブロック図を使えば言葉だけではなく，図を見ながら説明でき，話し合うことができます。このことは，「×小数（分数）」，「÷小数（分数）」の計算の理解にもつながります。

## ◎ 評 価 ◎

| 知識および技能 | 小数×整数，小数÷整数，整数÷整数で，商が小数になる場合の計算の意味を理解し，計算することができる。 |
|---|---|
| 思考力，判断力，表現力等 | 既習の整数の乗除法を基に，図や式等を用いて答えを求め，計算方法をまとめることができる。 |
| 主体的に学習に取り組む態度 | 小数×整数，小数÷整数の計算の仕方や意味を，既習の整数の乗除法と関連づけようとする。 |

◎ 指導計画　13 時間 ◎

| 時 | 題 | 目　標 |
|---|---|---|
| 1 | 小数×整数の意味 | 小数 (真小数) ×整数の計算の意味を理解し，その計算ができるようになる。 |
| 2 | 小数×整数の筆算 | 小数×整数の筆算の仕方とその意味を理解し，計算ができるようになる。 |
| 3 | 小数×2位数の筆算 | 小数に2位数の整数をかける計算の意味と仕方を理解し，その計算ができるようになる。 |
| 4 | $\frac{1}{100}$ の位までの小数×1位数の筆算 | $\frac{1}{100}$ の位まである小数に1位数の整数をかける筆算の仕方を理解し，計算ができるようになる。 |
| 5・6 | $\frac{1}{100}$ の位までの小数×2位数の筆算 | $\frac{1}{100}$ の位の小数に2位数をかける筆算の仕方を理解し，計算ができるようになる |
| 7 | 小数÷整数の意味 | 小数÷整数の意味を理解し，その計算ができるようになる。 |
| 8 | 小数÷整数の筆算 | 小数÷整数の計算の意味を理解し，筆算の仕方がわかる。 |
| 9 | 商の一の位が0の筆算，小数÷2位数 | 商の一の位に0がたつ筆算や，1位数や2位数でわる筆算の仕方を理解し，計算ができるようになる。 |
| 10 | $\frac{1}{100}$ の位以下の小数÷1，2位数の筆算 | $\frac{1}{100}$ の位以下の小数÷1位数，2位数の筆算の仕方を理解し，計算ができるようになる。 |
| 11 | わり進みの筆算 | 小数÷整数で，0をつけたしてわり進める場合の筆算の仕方を理解し，その計算ができるようになる。 |
| 12 | 商を概数で求める | 小数÷整数の計算で，商を概数で表す方法を理解し，題意にあった商を求めることができる。 |
| 13 | 整数の商とあまり | 小数÷整数で，商は整数であまりを求める計算と，あまりの大きさについて理解し，その計算ができる。 |

# 小数×整数の意味

板書例

## ジュースは全部で何 L でしょうか

**1**

> ▢ 入りのジュースを 3 本買いました。
> ジュースは全部で何 L ありますか。

**2**

| 2 L の場合 | 式 2 × 3 |
| --- | --- |

かけ算の図

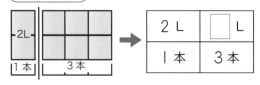

|     |     |
| --- | --- |
| 2 L | ▢ L |
| 1 本 | 3 本 |

答え 6 L

| 0.5 L の場合 | 式 0.5 × 3 |
| --- | --- |

|       |     |
| ---   | --- |
| 0.5 L | ▢ L |
| 1 本  | 3 本 |

> 1 つ分の数が小数でも，同じ数の
> ものが何こかあるとき，全部の数
> を求めるのはかけ算。

POINT　かけ算の場面を図（4 マス表）に整理して表すことを指導する。この図はかけ算やわり算の演算決定に有効で，高学

## 1　問題文を読んで式を書きましょう

問題文を提示する。ワークシートで学習できる。

C　2 × 3 になります。かけ算で求められます。

C　同じ数ずつのものが何個かあるとき，全部の数を求める計算はかけ算です。

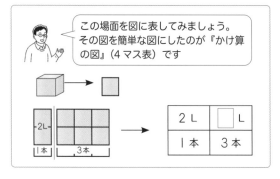

> この場面を図に表してみましょう。
> その図を簡単な図にしたのが『かけ算
> の図』（4 マス表）です

立方体の 1 L ますををを正方形（1 辺 10 ㎝）の紙に表し，2 × 3 の図を構成する。それを抽象化したものが 4 マス表になることを丁寧に説明する。

C　2 L ずつが 3 個あるから，全部で 6 L です。

## 2　1 本に 0.5 L 入っている場合を考えよう

問題文の「2 L」を「0.5 L」に変える。

T　今度は，0.5 L 入りのジュースを 3 本買います。この式はどうなるでしょう。

C　やっぱりかけ算です。0.5 × 3 になります。

T　かけ算になる理由を説明しましょう。

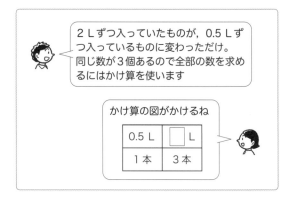

> 2 L ずつ入っていたものが，0.5 L ず
> つ入っているものに変わっただけ。
> 同じ数が 3 個あるので全部の数を求め
> るにはかけ算を使います

> かけ算の図がかけるね

| 準備物 | ・小数ブロック<br>QR 板書用図<br>QR ワークシート<br>QR ふりかえりシート | I C T | 子どもがかいた図や計算を写真に撮って<br>全体共有すると，一人一人の考え方を比<br>較検討し，深く学ぶことができる。 |  |

**3**

〈0.5 × 3 の答えの求め方〉

| 本に
0.1Lが5こ

3本分

0.1 が (5 × 3 = 15)
0.1 が全部で 15 こだから，1.5
0.5 × 3 = 1.5

答え　1.5L

まとめ

> かけられる数が小数でも，
> 整数と同じように計算できる。

**4**

〈計算練習をしよう〉

①　0.4 × 3
　　0.1 が　4 × 3　= 12
　　0.1 が全部で 12 こで 1.2

②　0.7 × 6
　　0.1 が　7 × 6　= 42
　　0.1 が全部で 42 こで 4.2

③　0.6 × 5
　　0.1 が　6 × 5　= 30
　　0.1 が全部で 30 こで 3.0

④　0.7 × 3 = 2.1
⑤　0.9 × 6 = 5.4
⑥　0.5 × 8 = 4

年の学習に活用できます。

## 3　0.5 × 3 の答えを求めよう

T　0.5 は 0.1 を何個集めたものですか。
C　5 個です。
T　全部で 0.1 がいくつになるかで考えましょう。

| 本に
0.1Lが 5 個

3本分

> 全部で 5×3 = 15
> 0.1 が 15 個だから，1.5 になります

C　0.5×3 は，0.1 が 5×3 あるということだね。
C　5 × 3 = 15 と整数で計算すると，0.1 が 15 個な
　　ので答えは 1.5 とできる。

　　かけられる数が小数でも，整数と同じように計算できるこ
　とがわかる。
　　学習のまとめをする。

## 4　小数×整数の練習をしよう

①　0.4×3　②　0.7×6　③　0.6×5

> ①　0.4 × 3
> > 0.1 が 4 × 3 = 12
> > 全部で 0.1 が 12 個だから，1.2 です

> ③　0.6 × 5
> > 0.1 が 6 × 5 = 30
> > 全部で 0.1 が 30 個だから，3.0 で，
> > 3.0 を 3 とします

④　0.7×3　⑤　0.9×6　⑥　0.5×8

ふりかえりシートが活用できる。

# 小数×整数の筆算

板書例

## 全部で何Lかを考えよう

**1** 　1.2L入りのジュースを3本買いました。
　　　ジュースは全部で何Lありますか。

式　1.2×3

かけ算の図

| 1つ分の数 | 全部の数 |
|---|---|
| 1.2L | □ L |
| 1本 | 3本 |

いくつ分

**2** 〈図から答えを求めよう〉

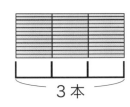

0.1L

1L

3本

1Lが3こで3L
0.1Lが2×3＝6で
0.6L
合わせて3.6L

全部 0.1L にして

3本

0.1Lが12×3＝36
0.1Lが36こで3.6L

POINT　本時の板書にある図は，1辺が10cmの用紙を使って子どもたちと作るようにすると，一層よく理解が得られます。

## 1 全部の量を求める式を立てよう

問題文を提示する。ワークシートで学習できる。

C　1.2×3　になります。

T　どうしてかけ算になるのでしょうか。

C　1.2Lずつ入ったジュースが3本あって，全部で
　何Lかを求めるのでかけ算です。

T　前の時間にかいた『かけ算の図』をかいてみま
　しょう。

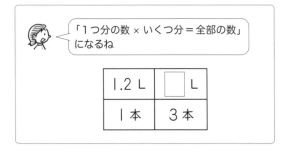

「1つ分の数 × いくつ分＝全部の数」
になるね

| 1.2L | □ L |
|---|---|
| 1本 | 3本 |

## 2 詳しい図を見て，答えを求めよう

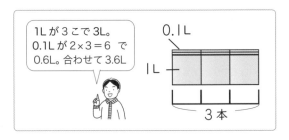

1Lが3こで3L。
0.1Lが2×3＝6で
0.6L。合わせて3.6L

0.1L

1L

3本

T　位ごとに，1と0.1に分けて考えていますね。

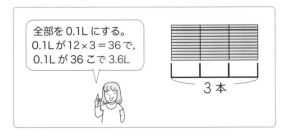

全部を0.1Lにする。
0.1Lが12×3＝36で，
0.1Lが36こで3.6L

3本

T　前の時間と同じように，0.1がいくつあるかで
　考えていますね。

**3** 〈1.2 × 3 の筆算の仕方〉

〈練習〉

A さんの考え　　B さんの考え　　C さんの考え

　　　①

**4**

② 
```
    2.8
 ×    8
  2 2.4
```

③ 
```
   1 5.9
 ×     7
 1 1 1.3
```

まとめ 〈小数 × 整数の筆算〉

1. 位はそろえなくていい。
2. 整数のかけ算と同じように 計算する。
3. かけられる数にそろえて小数点をうつ。

④ 
```
   2 7.9
 ×     8
 2 2 3.2
```

---

**3** 1.2 × 3 の筆算の仕方を考えよう

子どもたちが考える 3 つのパターンの例です。

 A さん

このように書いているのを見たことがあります

```
   1.2
 ×   3
```

 B さん

位をそろえて書きます。小数のたし算でもひき算でも位をそろえないといけませんでした

```
   1.2
 ×   3
```

 C さん

右下が空いていると，何だか変なので，3.0 としました

```
   1.2
 × 3.0
```

結論から言うと，どれでも正しい。加減計算は同種の量の演算なので位をそろえる必要があるが，かけ算は異種の量（1.2L と 3 本）なので位を揃える意味がない。

---

**4** 筆算の仕方を知って練習しましょう

図と対応させて筆算の仕方についてまとめる。

1. 位は揃える必要はない。
   （右に揃える）
2. 整数のかけ算と同じように計算する。（0.1 が 12 × 3）
3. かけられる数に揃えて小数点をうつ。

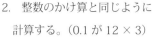

（0.1 が 36 こなので）答えは 3.6

計算練習をする。

① 3.7 × 4　② 2.8 × 8　③ 15.9 × 7　④ 27.9 × 8

学習のまとめをする。

ふりかえりシートが活用できる。

# 小数×2位数の筆算

板書例

## ひもの長さを求めよう

1

> 1本が2.4mのひもがあります。
> このひも13本分の長さは何mですか。

2

| 2.4m | ☐ m |
|---|---|
| 1本 | 13本 |

式　2.4 × 13

2.4 × 10 = 24

2.4 × 3 = 7.2

7.2 + 24 = 31.2

答え　31.2m

① 2.4×10  2.4 × 3

2.4m

13本

②〈すべて0.1mにして〉

0.1が24×13

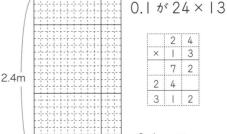

0.1mが
312こ分だから
31.2m

2.4m

13本

POINT　①の図は子どもたちと作り，②の図へつなぐ。図から答えを導き，筆算と対応させることで，筆算の小数点の打ち方

---

**1** 図を見て 2.4 × 13 の答えを求めましょう

問題文を提示する。ワークシートで学習できる。

T　4マス表と式を書きましょう。

| 2.4m | ☐ m |
|---|---|
| 1本 | 13本 |

C　2.4 × 13 です。

　1本2.4 mのひもが13本の図を黒板に貼る。

T　図をみて，答えを求めましょう。

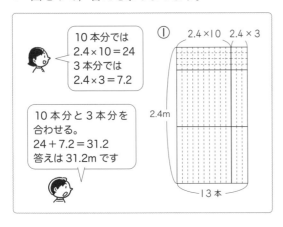

10本分では
2.4×10＝24
3本分では
2.4×3＝7.2

10本分と3本分を
合わせる。
24＋7.2＝31.2
答えは31.2mです

① 2.4×10  2.4 × 3

2.4m

13本

**2** 全てを 0.1m にして筆算の仕方を考えよう

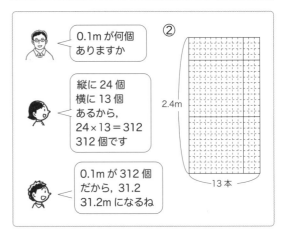

0.1mが何個
ありますか

②

縦に24個
横に13個
あるから，
24×13＝312
312個です

2.4m

0.1mが312個
だから，31.2
31.2mになるね

13本

C　2.4 × 13 の計算は 24 × 13 をすればいいと思った。そして，小数点をつける。

C　整数の計算と同じように筆算をすればいい。

C　そして，0.1 が 24 × 13 個ということだから，小数点をつける。

準備物
- <sup></sup>QR 板書用図
- <sup></sup>QR ワークシート
- <sup></sup>QR ふりかえりシート

I C T　図を配信・共有し，対話的に丁寧に見ていくことで，小数のかけ算の筆算による計算の意味に迫ることができる。

---

**3**

筆算のしかた
・小数点を考えないで，
　整数のかけ算と同じように
　計算する。
・かけられる数にそろえて，
　積に小数点をうつ。

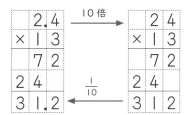

```
    2.4
×   1 3
    7.2   ← 2.4 × 3 = 7.2 （3本分の長さ）
  2 4.    ← 2.4 × 10 = 24 （10本分の長さ）
  3 1.2   ← （13本分の長さ）
```

```
    2.4          24
×   1 3    10倍  ×  1 3
    7 2           7 2
  2 4            2 4
  3 1.2  ←  1/10  3 1 2
```

**4**

〈練習〉

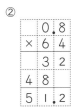

① 
```
      7.8
×     3 6
    4 6 8
  2 3 4
  2 8 0.8
```

② 
```
      0.8
×     6 4
      3 2
    4 8
    5 1.2
```

③ 
```
    3 7.1
×     2 9
  3 3 3 9
  7 4 2
1 0 7 5.9
```

④ 
```
    6 0.2
×     2 6
  3 6 1 2
1 2 0 4
1 5 6 5.2
```

の意味を納得することができます。

---

**3 筆算の仕方をまとめましょう**

T　小数点を考えないで，整数のかけ算と同じように
　計算しますね。

C　答えは，0.1 の数がいくつあるかだから，小数点
　をうちます。

T　結果として，かけられる数に揃えて積に小数点を
　うてばいいですよ。

```
    2.4
×   1 3
    7.2
  2 4.
  3 1.2
```

72(7.2) は
3本分の長さだね

24 は
10本分の長さだよ

72 (7.2) や 24 が図のどの部分を表しているかも確認する。
2.4 × 13 の 2.4 を 10 倍して，24 × 13 の計算をしたから，
答えを÷ 10 をする考え方も付け加える。

学習のまとめをする。

---

**4 筆算の練習をしましょう**

T　筆算の仕方を忘れないようにして，ゆっくり計算
　しましょう。

　① 7.8 × 36
　② 0.8 × 64
　③ 37.1 × 29
　④ 60.2 × 26

ペアで答え合わせをしたり，教え合いをしたりする。

ふりかえりシートが活用できる。

## $\frac{1}{100}$ の位までの小数 ×1位数の筆算

板書例

# 1.24 × 3 の計算をしよう

**1**

〈図に表す〉

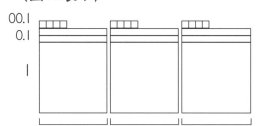

| 1が | 3こ | 3 |
|---|---|---|
| 0.1が | 6こ | 0.6 |
| 0.01が | 12こ | 0.12 |
| | | 3.7 2 |

**2**

〈筆算〉

$$\begin{array}{r} 1.2\,4 \\ \times\quad\ 3 \\ \hline 3.7\,2 \end{array}$$

まとめ

・整数と同じように計算する。
・かけられる数にそろえて積の小数点をうつ。

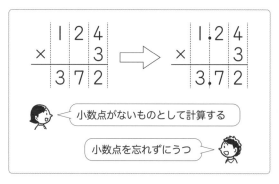

POINT かけられる数が $\frac{1}{100}$ の位の小数のかけ算もブロック図と対応させながら考えましょう。

## 1 1.24 × 3 を図に表してみよう

ワークシートで学習できる。
1を正方形 (10cm × 10cm) として, 1.24 × 3 を図に表します。

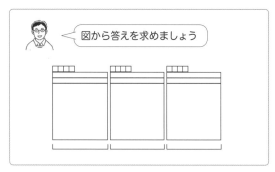

図から答えを求めましょう

C　1が3個で3, 0.1が6個で0.6, 0.01が12個で0.12。
C　合わせると, 3 + 0.6 + 0.12 = 3.72 です。

## 2 1.24 × 3 を筆算でしてみよう

T　筆算で計算するとどうなるでしょう。

$$\begin{array}{r} 1\,2\,4 \\ \times\quad\ 3 \\ \hline 3\,7\,2 \end{array} \Longrightarrow \begin{array}{r} 1.2\,4 \\ \times\quad\ 3 \\ \hline 3.7\,2 \end{array}$$

小数点がないものとして計算する

小数点を忘れずにうつ

〈小数点の位置について〉
① 0.01 が (124 × 3 = 372)　372 個だから 3.72
②かけられる数 1.24 を 100 倍して 124 × 3 = 372 としたから, 372 を $\frac{1}{100}$ にする。
　結果として, かけられる数の小数点をそのまま下におろすことと同じ。

　学習のまとめをする。

| 準備物 | ・小数ブロック<br>QR 板書用図<br>QR ワークシート<br>QR ふりかえりシート | ICT | 図や筆算をしたものを全体共有して対話的に学ぶことで，小数の計算の仕方やその意味に迫ることができる。 |
|---|---|---|---|

**3** 〈チャレンジ 筆算(1)〉

① 0.24 × 3

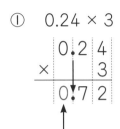

```
  0.2 4
×     3
  0.7 2
```

0 をつけたすのを
わすれないように

**4** 〈チャレンジ 筆算(2)〉

② 0.18 × 5

```
  0.1 8
×     5
  0.9 0
```

 必要のない
0 は消す

③ 0.05 × 4

```
  0.0 5
×     4
  0.2 0
```

④ 0.75 × 8

```
  0.7 5
×     8
  6.0 0
```

---

**3** **0.24 × 3 を筆算でしてみましょう**

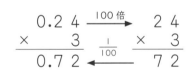

```
  0.2 4   ─100倍→   2 4
×     3            ×   3
  0.7 2   ←1/100    7 2
```

 まず，整数として計算すると，
24×3＝72 になります

そして，小数点をうちます。かけられ
る数の 0.24 を 100 倍したので，答えは
1/100 にします

C 「.72」では変なので「0.72」
　 と前に「0」をつけるのを忘
　 れないようにしよう。

```
  0.2 4
×     3
  0.7 2
```

**4** **0.18 × 5 も筆算でしてみましょう**

0.18 に揃えて小数
点をうつと，「0.90」
になるよ

「0.90」は「0.9」と同
じ大きさだから，最後の
「0」は消してよかったね

「0.08 × 5 ＝ 0.40」や「0.75 × 8 ＝ 6.00」のような問
題も取り上げて，小数点以下の末位の「0」は消すきまりに
しておくことを確かめる。

ふりかえりシートが活用できる。

$\dfrac{1}{100}$ の位までの小数 ×2位数の筆算

$\dfrac{1}{100}$の位の小数に2位数をかける筆算の仕方を理解し，計算ができるようになる。

板書例

# □.□□×□□の計算ができるようになろう

**1** 〈3.56 × 43〉

```
      3.5 6
   ×    4 3
   1 0 6 8
 1 4 2 4
 1 5 3.0 8
```

**2** 〈6.72 × 75〉

```
      6.7 2
   ×    7 5
   3 3 6 0
 4 7 0 4
 5 0 4.0 0
```

②0を消す
①小数点をうってから

・位はそろえなくてよい。
・整数の計算と同じように計算する。
・積に小数点をうつ。

①小数点をうつ。
↓
②いらない0を消す。

〈1.75 × 40〉

```
      1.7 5
   ×    4 0
 7 0.0 0
```

②0を消す
①小数点をうってから

POINT まずは，型分けをした練習問題での習熟を図ります。時間を確保して手順の確かめができるようにしましょう。

## 1 3.56 × 43 の筆算をやってみましょう

ワークシートで学習できる。

C 今までと違うのは「かける数」が2桁ということだね。

　まずは各自で取り組ませたい。その後，代表の子ども2，3人が黒板で筆算をする。

T 筆算の仕方を説明してください。

右に揃えて数字を書き，整数のかけ算のように356×43として計算します。最後にかけられる数に揃えて積に小数点をうちます

```
      3.5 6
   ×    4 3
   1 0 6 8
 1 4 2 4
 1 5 3.0 8
```

小数×整数の基本的で一般的な型。これまでの筆算の仕方と同じように計算できることを確認する。

## 2 6.72 × 75 の積について考えよう

T 筆算をして，隣の人に説明してみましょう。

C 最後の「0」は消すきまりになっていたね。

T 先生が計算してみます。これでよかったでしょうか。

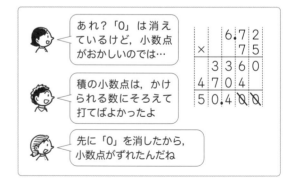

あれ？「0」は消えているけど，小数点がおかしいのでは…

積の小数点は，かけられる数にそろえて打てばよかったよ

先に「0」を消したから，小数点がずれたんだね

　意図して間違った答えを見せ，直すことで注意を喚起させる。「①小数点をうつ→②不要な0を消す」の手順を確認する。1.75 × 40 の筆算もやってみる。

**3** 〈筆算でやってみよう〉

① 
$$
\begin{array}{r}
0.08 \\
\times \ \ 45 \\
\hline
40 \\
32 \ \ \\
\hline
3.6\cancel{0}
\end{array}
$$

② 
$$
\begin{array}{r}
0.05 \\
\times \ \ 40 \\
\hline
2.0\cancel{0}
\end{array}
$$

③ 
$$
\begin{array}{r}
0.34 \\
\times \ \ 53 \\
\hline
102 \\
170 \ \ \\
\hline
18.02
\end{array}
$$

④ 
$$
\begin{array}{r}
0.76 \\
\times \ \ 92 \\
\hline
152 \\
684 \ \ \\
\hline
69.92
\end{array}
$$

⑤ 
$$
\begin{array}{r}
7.18 \\
\times \ \ 54 \\
\hline
2872 \\
3590 \ \ \\
\hline
387.72
\end{array}
$$

⑥ 
$$
\begin{array}{r}
6.35 \\
\times \ \ 78 \\
\hline
5080 \\
4445 \ \ \\
\hline
495.3\cancel{0}
\end{array}
$$

**4**

### 第❻時

暗号を
とこう !!

## 3 型分けした計算問題に取り組もう

1  1位数×2位数　① 0.08×45　② 0.05×40

2  2位数×2位数　③ 0.34×53　④ 0.76×92

3  3位数×2位数　⑤ 7.18×54　⑥ 6.35×78

0.05×40 の計算は簡単
だけど，積の 0 を消すの
を忘れずにしよう

$$
\begin{array}{r}
0.05 \\
\times \ \ 40 \\
\hline
2.00
\end{array}
$$

筆算の仕方を一つひとつ順
番にしていけば大丈夫だよ

　計算練習は，自分で答え合わせをする。間違いがあった場
合は，再度やってみて，間違った理由と正しい計算を確かめ
るようにさせたい。

## 4 計算をして暗号を解いてみよう

　小数×整数の習熟を図る。単なる計算練習でなく，「暗号
を解いてみよう」や迷路など，子どもが少しでも楽しく取り
組めるように工夫したい。20 分〜 30 分程集中して取り組め
るようにする。

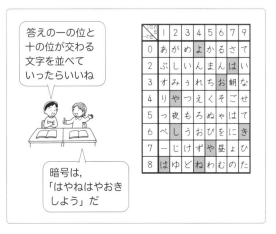

答えの一の位と
十の位が交わる
文字を並べて
いったらいいね

暗号は，
「はやねはやおき
しよう」だ

ふりかえりシートが活用できる。

# 小数÷整数の意味

板書例

## 1人分のジュースの量を求めよう

**1**

1 6Lのジュースを3人で
等分すると，1人分は何
Lになりますか。

6 L

| 1L | | | | | |

↓　　↓　　↓

3人

| 1つ分の数 | 全部の数 |
|---|---|
| □L | 6L |
| 1人 | 3人 |

いくつ分

1人分を求めるのは
わり算

式　6 ÷ 3

答え　2L

**2**

2 2.4Lのジュースを4人
で等分すると，1人分は
何Lになりますか。

| 1つ分の数 | 全部の数 |
|---|---|
| □L | 2.4L |
| 1人 | 4人 |

いくつ分

式　2.4 ÷ 4

POINT　小数のかけ算の学習を思い出して，1Lを0.1Lにして考えればいいことを子どもたちから導き出しましょう。

## 1　1を図に表して解決しよう

1の問題文を提示する。
ワークシートで学習できる。
1Lの図6枚を3人に分ける操作をする。

T　わり算の図に表して式を書きましょう。

C　式は6 ÷ 3です。

## 2　2を図に表して解決しよう

2の問題文を提示する。

T　わり算の図に表して式を書きましょう。

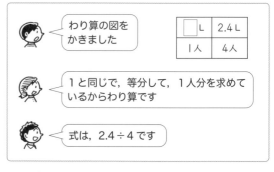

T　小数でも整数のわり算と同じように，等分し
て1人分を求めるときはわり算です。

**3**

〈2.4 ÷ 4 の計算のしかたを考えよう〉

2.4 L　　0.1Lが24こ

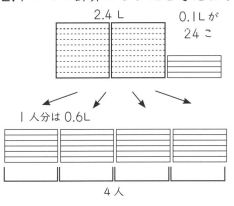

1人分は0.6L

4人

0.1 が全部で 24 こ
24 ÷ 4 = 6
0.1 が 6 こなので 0.6

答え　0.6 L

**4**

まとめ

小数のわり算も、
整数のわり算と
同じように計算して、
小数点をうつ。

〈計算練習〉

① 2.8 ÷ 4 = 0.7
② 5.4 ÷ 6 = 0.9
③ 7.2 ÷ 9 = 0.8
④ 1.5 ÷ 5 = 0.3
⑤ 0.8 ÷ 4 = 0.2
⑥ 4.2 ÷ 6 = 0.7
⑦ 0.9 ÷ 9 = 0.1
⑧ 2.4 ÷ 3 = 0.8

## 3 2.4 ÷ 4 の計算の仕方を考えよう

T　2.4Lのままでは配れないからどうすればいいかな。
C　2.4 L は 0.1 L が何個あるかで考えたらいい。

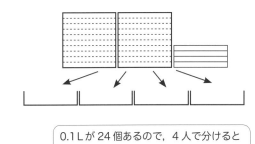

0.1Lが24個あるので、4人で分けると
24 ÷ 4 = 6
1人分は、0.1Lが6個だから、0.6Lに
なります

## 4 学習のまとめをして、計算練習をしよう

学習のまとめをする。

C　小数のかけ算のときと似ているね。
C　小数のわり算も整数のわり算と同じように計算して、小数点をうてばいいんだね。

T　次の計算練習をしましょう。

| ① 2.8÷4 | ② 5.4÷6 | ③ 7.2÷9 |
|---|---|---|
| ④ 1.5÷5 | ⑤ 0.8÷4 | ⑥ 4.2÷6 |
| ⑦ 0.9÷9 | ⑧ 2.4÷3 | |

ふりかえりシートが活用できる。

準備物
・小数ブロック
QR 板書用図
QR ワークシート
QR ふりかえりシート

ICT　子どもがかいた図や表などを全体共有して、子どもの言葉で考えを伝え合うことで、除法の意味理解に繋げられる。

板書例

## 小数の筆算のしかたを考えよう

1

7.2 L のジュースを 3 人で等分すると 1 人分は何 L になりますか。

| 1つ分の数 | 全部の数 |
|---|---|
| □ L | 7.2 L |
| 1 人 | 3 人 |

いくつ分

式　7.2 ÷ 3

答え　2.4L

2

〈ブロックで分けてみよう〉

7.2L

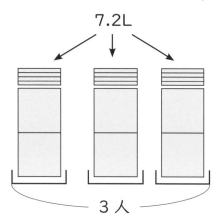

3 人

<u>POINT</u> ブロック操作に対応して，わり算の筆算方法や商を導き出します。小数点を打つ位置も納得できるでしょう。

## 1 7.2L を 3 人に分けた 1 人分を求めよう

問題文を提示する。
ワークシートで学習できる。

C　4マス表に表すと「1つ分の数」を求めるからわり算です

C　式は，7.2 ÷ 3 です。

T　7.2 L を 3 人に分けてみましょう。

黒板にブロック 7.2 と 3 人の枠を提示する。

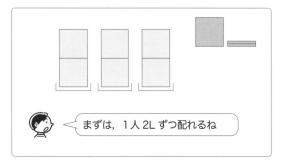

まずは，1 人 2L ずつ配れるね

C　残りの 1.2 L はどうやって分けたらいいかな。

## 2 残りの 1.2L を 3 等分する方法を考えよう

1 L を 10 等分して 0.1L に分けたらどうかな

0.1L が 12 個になるよ

12 個だと 3 人に分けることができるね

C　12 ÷ 3 ＝ 4 で，0.1 L を 4 個ずつ分けることができます。1 人分は 0.4L です。

C　答えは 2L と 0.4L だから，2 ＋ 0.4 ＝ 2.4

C　1 人分は 2.4 L になるね。

C　0.1 が 72 個あると考えたら，72 ÷ 3 をすればいいですね。　72 ÷ 3 ＝ 24

C　0.1L の 24 個分で 2.4L だ。

**3** 〈筆算のしかた〉

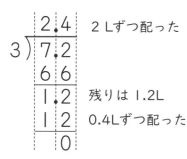

2 L ずつ配った

残りは 1.2L

0.4Lずつ配った

**4** 〈筆算の練習〉

①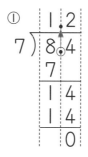

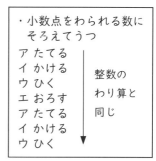

・小数点をわられる数に
　そろえてうつ

ア たてる
イ かける
ウ ひく
エ おろす
ア たてる
イ かける
ウ ひく

整数の
わり算と
同じ

まとめ

・整数のわり算と同じように計算。
・商の小数点を忘れないこと。

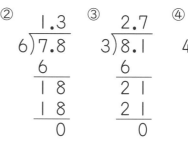

② ③ ④

---

# 3 7.2 ÷ 3 の筆算の仕方を考えよう

C 整数の筆算と同じようにかいてやってみよう

はじめに 7L を 2L ずつ配ったので，商に 2 がたちます。そして，6L を配ったら，1.2L が残りました

1.2 は 0.1 の 12 個分だから 12 ÷ 3 で商に 4 がたつね

答えは 24L ではなく，2.4 L だから商に小数点をうつね

C 小数÷整数の筆算も，整数÷整数と同じように計算できる。

C 商の小数点を忘れないようにしよう。

　学習のまとめをする。

# 4 筆算の練習をやってみよう

T 8.4 ÷ 7 の筆算をみんなでやってみましょう。

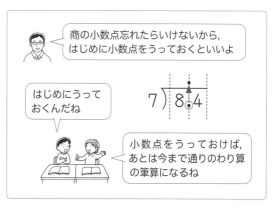

商の小数点忘れたらいけないから，はじめに小数点をうっておくといいよ

はじめにうっておくんだね

小数点をうっておけば，あとは今まで通りのわり算の筆算になるね

　「たてる→かける→ひく→おろす」の筆算のアルゴリズムの前に「小数点をわられる数に揃えてうつ」を入れることで，小数点を忘れることなく，整数のわり算と同じように計算できる。

　計算練習の続きをする。
　ふりかえりシートが活用できる。

板書例

# いろんな筆算ができるようになろう

**1**

> 5.6m のリボンを8人で等分すると
> 1人分は何 m になりますか。

| | m | 5.6m |
|---|---|---|
| 1人 | 8人 | |

式　5.6 ÷ 8

**2** 〈筆算〉

ウ　ア　イ

```
    0.7
 8)5.6
   5 6
     0
```

> ア 小数点
> イ たてる→かける
> 　→ひく→おろす
> ウ 商に0を書き忘
> 　れないよう気を
> 　つける

〈練習〉

① 
```
    0.4
 9)3.6
   3 6
     0
```

② 
```
    0.6
 7)4.2
   4 2
     0
```

③ 
```
    0.9
 5)4.5
   4 5
     0
```

④ 
```
    0.8
 9)7.2
   7 2
     0
```

POINT　筆算の手順は整数のわり算の場合と同じなので，できるだけ子どもたちの話し合いで解決できるようにしましょう。

## 1 4マス表を書いて立式しましょう

問題文を提示する。　ワークシートで学習できる。

C　「わり算の4マス表」に表してみました。

C　式は，5.6 ÷ 8です。等分して，1人分を求める
　計算なのでわり算です。

T　筆算をして，答えを求めましょう。

> 筆算ははじめに小
> 数点をうって，あ
> とは，今まで通り
> に計算だったね

> 答えは「.7」でい
> いのかな？

C　5m60cmのリボンを8人で分けるから，1人分は
　7mのはずはない。

## 2 正しい商にするにはどうすればいいかな

C　1人分は，1mもないぐらいだと思う。

> 「.7」はおかしいので，
> 一の位に0を書きます

> 答えは0.7mです

T　前時までのわり算と違うところはどこです
　か。

C　計算した後で，商の一の位に0を書くところです。

T　このような計算のとき，商の一の位に0をか
　き忘れないように気をつけましょう。

練習問題をする。
① 3.6÷9　② 4.2÷7　③ 4.5÷5　④ 7.2÷9

**3** 〈65.8 ÷ 14 を筆算でやろう〉

小数 ÷ 2 けた

```
      4.7
14)6 5.8
  5 6
    9 8
    9 8
      0
```

・小数点をうつ
ア 4をたてる
イ かける
ウ ひく
エ おろす
ア 7をたてる
イ かける
ウ ひく

**4** 〈小数÷2けたの練習をしよう〉

① 
```
      3.7
16)5 9.2
  4 8
  1 1 2
  1 1 2
      0
```

② 
```
      1.2
37)4 4.4
  3 7
    7 4
    7 4
      0
```

③ 
```
      1.8
36)6 4.8
  3 6
  2 8 8
  2 8 8
      0
```

④ 
```
      0.7
27)1 8.9
  1 8 9
      0
```

⑤ 
```
      0.6
23)1 3.8
  1 3 8
      0
```

---

**3** 65.8 ÷ 14 を筆算でしてみましょう

C　わる数が 14 の 2 桁の筆算だ。

C　わる数が 2 桁になっても，今までとやり方は同じだね。

> はじめに商の小数点をうちます。
> 一の位に 4 をたてて，4 かける 14 は 56，
> 65 ひく 56 は 9，そして，8 を下ろす

「小数点→たてる→かける→ひく→おろす」の順番だね

教師も前で「小数点→たてる→かける→ひく→おろす」をリズムよくやって見せる。

**4** 練習問題をしよう

「÷2位数」の練習問題をする。

㋐ 小数第一位までの小数 ÷2 位数
　　① 59.2÷16
　　② 44.4÷37
　　③ 64.8÷36

㋑ 商の一の位が 0
　　④ 18.9÷27
　　⑤ 13.8÷23

　商の一の位が 0 になる型ははじめて学習するため，丁寧に取り組みたい。早くできた子どもは，補助が必要な子どものところに「お助け役」として入るなど，お互いに学び合うことも大切にする。

　ふりかえりシートが活用できる。

<br/>

第 ⑩ 時　$\frac{1}{100}$ の位以下の小数 ÷ 1, 2 位数の筆算

本時の目標　$\frac{1}{100}$ の位以下の小数 ÷ 1 位数，2 位数の筆算の仕方を理解し，計算ができるようになる。

板書例

## $\frac{1}{100}$ の位の小数 ÷ 整数の筆算をしよう

**1**

> 9.72m のテープを 4 人で同じ長さずつ分けると，1 人分は何 m になりますか。

| □ m | 9.72m |
|---|---|
| 1人 | 4人 |

1 人分を求めるのはわり算

式　$9.72 \div 4 = 2.43$

答え　2.43m

**2**

```
      2.4 3
   4 ) 9.7 2
      8
      1 7
      1 6
        1 2
        1 2
          0
```

まとめ

> ・商に小数点を忘れない。
> ・972 ÷ 4 と同じ手順で計算できる。

POINT　型分けをした練習問題をすると，一人ひとりの間違いの傾向や特徴もつかみやすい。それをもとにアドバイスをしま

## **1** 4マス表を書いて立式しましょう

問題文を提示する。　ワークシートで学習できる。

C　等分して 1 人分を求めるから，わり算です。

C　式は，9.72 ÷ 4 です。

T　筆算をして，答えを求めましょう。

> 今までと同じようにやってみよう
>
> ```
> 4 ) 9.7 2
> ```

C　1 人分は 2.43 m になります。

C　9 m を 4 人で分けると「2 m といくら」になるから小数点の位置も合ってそうだね。

手順は同じなので，子どもたち自身で解決して，説明し合う機会をつくる。

## **2** 9.72÷4と972÷4との筆算の違いは何でしょうか

> 計算の順序はこれまでと同じです
>
> 「たてる→かける→ひく→おろす→たてる→かける→ひく」のリズムでできるから同じだね
>
> 違うのは，「小数点をうつ」ところだけです

わられる数が $\frac{1}{100}$ の位以下になっても，これまでのように同じ手順を繰り返して筆算できることを確かめる。

尚，m を cm 単位にして，972 (cm) ÷ 4 = 243 (cm) 243cm = 2.43 m として答えを確かめてもよい。

学習のまとめをする。

**3**

〈いろいろな問題にちょうせんしよう〉

① 
```
      1.3 5
  7)9.4 5
    7
    2 4
    2 1
      3 5
      3 5
        0
```

② 
```
      1.2 6
  4)5.0 4
    4
    1 0
      8
      2 4
      2 4
        0
```

③ 
```
      0.6 3
  6)3.7 8
    3 6
      1 8
      1 8
        0
```

④ 
```
      0.0 5
  7)0.3 5
      3 5
        0
```

⑤ 
```
        1.6
  12)1 9.2
     1 2
       7 2
       7 2
         0
```

⑥ 
```
        0.1 3
  35)4.5 5
     3 5
     1 0 5
     1 0 5
         0
```

⑦ 
```
        0.0 8
  69)5.5 2
     5 5 2
         0
```

⑧ 
```
        0.0 7
  12)0.8 4
       8 4
         0
```

⑨ 
```
        0.0 5 8
  7)0.4 0 6
     3 5
       5 6
       5 6
         0
```

⑩ 
```
        0.0 0 4
  53)0.2 1 2
      2 1 2
          0
```

しょう。

---

## 3 いろいろなタイプの問題を筆算でやってみよう

$\frac{1}{100}$ の位まである小数÷整数の問題を型分けして，計算練習をしていく。子どもたちは，各自で取り組み，どの型でつまずいているのかを教師が見極め助言する。

<$\frac{1}{100}$ の位÷1位数>

① 商が□.□□になる型

$9.45 \div 7 = 1.35$

② わられる数が□.0□の型

$5.04 \div 4 = 1.26$

③ 商が0.□□になる型

$3.78 \div 6 = 0.63$

④ 商が0.0□になる型

$0.35 \div 7 = 0.05$

③，④は商の一の位が0になるので間違いが多い。0をかくことを忘れないように注意させたい。

<$\frac{1}{10}$ の位，$\frac{1}{100}$ の位÷2位数>

⑤ 商が□.□になる型　　$19.2 \div 12 = 1.6$

⑥ 商が0.□□になる型　　$4.55 \div 35 = 0.13$

⑦⑧ 商が0.0□になる型　　$5.52 \div 69 = 0.08$

$0.84 \div 12 = 0.07$

<$\frac{1}{1000}$ の位÷1，2位数>

⑨⑩ 商が0.0□□や0.00□になる型

$0.406 \div 7 = 0.058$

$0.212 \div 53 = 0.004$

商の位が $\frac{1}{10}$ の位でなく，$\frac{1}{100}$ の位や $\frac{1}{1000}$ の位にたつ問題は「はじめに小数点をうつこと」がポイントになる。

ふりかえりシートが活用できる。

# わり進みの筆算

## わり切れないのかな？

**1** 6mのテープを4人で同じ長さに分けると1人分は何mになるでしょう。

| □ m | 6m |
|---|---|
| 1人 | 4人 |

式　$6 \div 4$

```
    1
4 ) 6
    4
    2
```

**2**

```
   1.5
4 ) 6.0
   4
   2 0
   2 0
       0
```

0.1が20こ

答え　1.5m

$6m = 600cm$

```
   1 5 0
4 ) 6 0 0
   4
   2 0
   2 0
       0
```

$150cm = 1.5m$

POINT　0をつけ足して，わり切れたときのスッキリ感を子どもたちが味わえるようにしましょう。

---

## 1　4マス表を書いて，立式しましょう

問題文を提示する。　ワークシートで学習できる。

C　4マス表を書くと，この問題もわり算を使うとわかります。式は，$6 \div 4$ です。

C　計算すると「1mあまり2m」になります。

T　2mも残るかな。ここに6mのテープがあります。4等分してみますよ。

実際にテープを4つ折りにして4等分を見せる。

T　ほら，あまりは出ないでしょ。

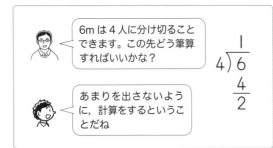

6mは4人に分け切ることできます。この先どう筆算すればいいかな？

あまりを出さないように，計算をするということだね

```
    1
4 ) 6
    4
    2
```

## 2　あまりがないようにわり切る計算はどうすればいいかな

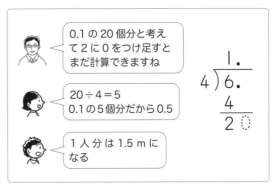

0.1の20個分と考えて2に0をつけ足すとまだ計算できますね

$20 \div 4 = 5$
0.1の5個分だから0.5

1人分は1.5mになる

```
    1.
4 ) 6.
    4
    2 0
```

T　6mを6.0mと考えて0をおろして計算すると，わり切れるまでわり算を続けることができます。このようにわり切れるまで計算することを「わり進む」とも言います。

6mをcmの単位で計算して確かめるのもいい。
$600 \div 4 = 150$。1人分は150cm (1.5m) となり答えが同じになることがわかる。

**3** 〈わり切れるまで計算しよう〉

$9 \div 4$

```
          2.2 5
    4 ) 9.0 0
        8
       ───
        1 0
          8
       ───
          2 0
          2 0
       ───
            0
```

**まとめ**

わり切れないときは，わられる
数の最後に 0 をつけて，
さらに小さな単位で計算していく。

**4** 〈わり進みの計算の練習をしよう〉

① 
```
       1.1 7 5
   8 ) 9.4 0 0
       8
      ───
       1 4
         8
      ───
         6 0
         5 6
      ───
           4 0
           4 0
      ───
             0
```

② 
```
          0.0 9 6
   25 ) 2.4 0 0
         2 2 5
        ───
         1 5 0
         1 5 0
        ───
             0
```

③ 
```
        0.1 2 5
   8 ) 1.0 0 0
       8
      ───
       2 0
       1 6
      ───
         4 0
         4 0
      ───
           0
```

④ 
```
          0.0 6 2 5
   16 ) 1.0 0 0 0
         9 6
        ───
          4 0
          3 2
         ───
            8 0
            8 0
           ───
              0
```

⑤ 
```
        2.0 5
   4 ) 8.2 0
       8
      ───
         2 0
         2 0
        ───
           0
```

⑥ 
```
          0.8 2 5
   16 ) 1 3.2 0 0
         1 2 8
        ───
            4 0
            3 2
           ───
              8 0
              8 0
             ───
                0
```

**3** 9÷4の計算もしてみましょう

C 同じように 0 をつけ足せば計算できるかな。

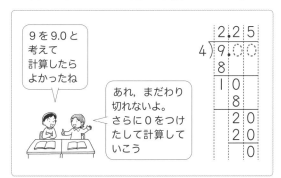

9 を 9.0 と
考えて
計算したら
よかったね

あれ，まだわり
切れないよ。
さらに 0 をつけ
たして計算して
いこう

```
       2.2 5
   4 ) 9.0 0
       8
      ───
       1 0
         8
      ───
         2 0
         2 0
      ───
           0
```

わり切れない場合は，さらに 0 を付け足して計算すれば良いことに気づかせたい。
また，ここで商に小数点をかき忘れる子も出てくるので「まずは，小数点をうつ」というルールを再度確認する。

学習のまとめをする。

**4** わり進みの計算練習をしよう

（練習問題）
① 9.4÷8　② 2.4÷25　③ 1÷8
④ 1÷16　⑤ 8.2÷4　⑥ 13.2÷16

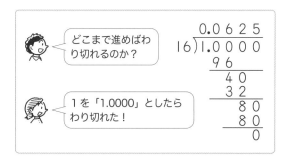

どこまで進めばわ
り切れるのか？

1 を「1.0000」としたら
わり切れた！

```
          0.0 6 2 5
   16 ) 1.0 0 0 0
         9 6
        ───
          4 0
          3 2
         ───
            8 0
            8 0
           ───
              0
```

ふりかえりシートが活用できる。

# 商を概数で求める

板書例

## わり切れないときはどうしよう

**1**

> 13m のテープを同じ長さずつ 3 人で分けます。
> 1 人分は何 m になりますか。

| □ m | 13m |
|---|---|
| 1 人 | 3 人 |

式　13 ÷ 3

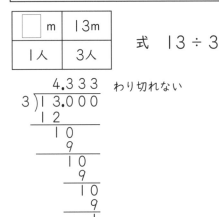

わり切れない

**2** 〈$\frac{1}{100}$ の位までのがい数を求めよう〉

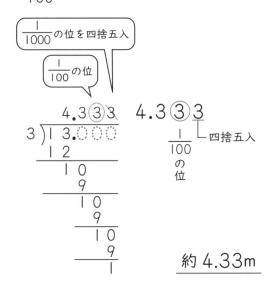

約 4.33m

POINT　概数の学習をふり返り，どこの位を四捨五入すればよいかを確認しましょう。

## 1　4 マス表を書いて，立式しましょう

問題文を提示する。
ワークシートで学習できる。

C　等分して 1 人分を求めるので，13 ÷ 3 です。

T　筆算で答えを求めましょう。

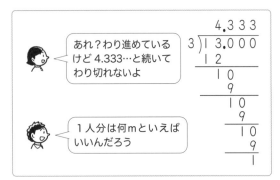

T　こんなときは，概数で表しましょう。

商が 4.333…と続くため，概数にするという考え方が子どもたちからも出るようにしたい。

## 2　商を $\frac{1}{100}$ の位までの概数で求めよう

T　商を $\frac{1}{100}$ の位までの概数で求めるには，どうしたらよかったですか。

C　$\frac{1}{100}$ の位までの概数にするには，その下の位の数を四捨五入すればよかったね。

概数にする方法を全体でふり返っておく。

C　答えは，約 4.33 m です。

T　このように，わり切れない場合などに商を概数で表すことがあります。

学習のまとめをする。

**3** 〈上から2けたのがい数〉

① 21.8 → 約22
② 3.24 → 約3.2
③ 5.06 → 約5.1
④ 0.567 → 約0.57
⑤ 0.0722 → 約0.072
⑥ 0.397 → 約0.40

〈24.3 ÷ 7〉

約3.5

```
      3.4̷7  5
   7)2 4.3
     2 1
       3 3
       2 8
         5 0
         4 9
           1
```

**4** 〈練習をしよう〉

① (1/10の位まで)

```
      2.0 4̷
   7)1 4.3
     1 4
       3 0
       2 8
         4
```
約2.0

② (1/100の位まで)

```
     0.1 8̷7  9
   4)0.7 5
     4
     3 5
     3 2
       3 0
       2 8
         2
```
約0.19

③ (上から2けた)

```
        0.2 2 3̷
   7 2)1 6.1
       1 4 4
         1 7 0
         1 4 4
           2 6 0
           2 1 6
             4 4
```
約0.22

④ (上から2けた)

```
        3 0̷
       2.9 6̷
   6)1 7.8
     1 2
       5 8
       5 4
         4 0
         3 6
           4
```
約3.0

まとめ

商をがい数で表すときは，求める位の1つ下の位を四捨五入する。

---

**3** 24.3 ÷ 7 の商を上から2桁の概数で求めよう

　　求める概数が「〇桁」と表されている場合の「桁」の数え方（真小数の場合）と，四捨五入する位はどこか，末尾の0のつけ方などをふりかえる。

Ｔ　次の数を上から2桁の概数にしてみよう。

　　①〜⑥の問題でふりかえる。

Ｔ　24.3 ÷ 7 の商を上から2桁の概数で求めよう。

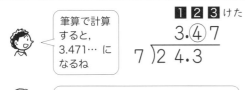

筆算で計算すると，3.471… になるね

```
     ■ 2 ■ 3 けた
       3.④ 7
   7)2 4.3
```

上から2桁だから，上から3桁目まで計算したらいいね

上から3桁目を四捨五入したら，答えは約3.5になるね

---

**4** 商を概数で求める練習問題をしよう

① 14.3 ÷ 7 (1/10の位まで)
　商は「2」ではなく「2.0」

② 0.75 ÷ 4 (1/100の位まで)

③ 16.1 ÷ 72 (上から2桁)
　商は「0.2」ではなく「0.22」
　※一の位の「0」は1桁目ではないことを確認する。

④ 17.8 ÷ 6 (上から2桁)
　商は「3」ではなく「3.0」

ふりかえりシートが活用できる。

# 整数の商とあまり

板書例

## あまりのあるわり算を考えよう

**1**

> 8.4dL のオレンジジュースを 1 人に 2dL
> ずつ分けていくと，何人に分けられて
> 何 dL あまるでしょうか。

| 1つ分の数 | 全部の数 |
|---|---|
| 2dL | 8.4dL |
| 1 人 | □ 人 |

いくつ分

式　8.4 ÷ 2 = □ あまり 〔　　　〕
　　(dL)　(dL)　(何人)　　　　(dL)

答え　4 人，あまり 0.4dL

**2** × 4.2 人はありえない

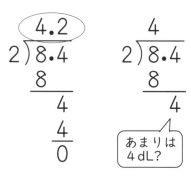

あまりは
4 dL?

(POINT) 筆算でのあまり 4 は「4dL」か，それとも「0.4dL」か，ジュースに見立てた色水を分けてみることで，どの子も納得できます。

## 1 4マス表を書いて，立式しましょう

問題文を提示する。ワークシートで学習できる。
8.4dL のジュース（色水）と 5〜6 個の紙コップを提示し，2dL ずつ分けていく場面をイメージできるようにする。

4 マス表に表してみましょう

今までの図と求める場所が違うよ

今度は「いくつ分」を求めるわり算だね

| 1つ分の数 | 全部の数 |
|---|---|
| 2dL | 8.4dL |
| 1 人 | □ 人 |

いくつ分

C　式は，8.4 ÷ 2 です。
C　8.4dL に 2dL が何人分あるかを求めるわり算です。

これまで扱ってきた等分除ではなく，ここでは包含除の問題になる。

## 2 筆算で答えを求めてみよう

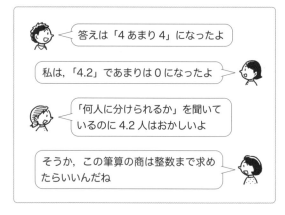

答えは「4 あまり 4」になったよ

私は，「4.2」であまりは 0 になったよ

「何人に分けられるか」を聞いているのに 4.2 人はおかしいよ

そうか，この筆算の商は整数まで求めたらいいんだね

C　商は，整数の 4 まで求めて，あとは「あまり」だね。
C　4 人に分けられて，あまりは 4…?

**3** 〈実際に分けてみると〉

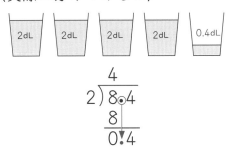

```
    4
2)8.4
  8
  0.4
```

〈たしかめ算〉

（1人分）（人数）（あまり）（もとの量）

$2 \times 4 + 0.4 = 8.4$

（dL）　（人）　（dL）　（dL）

**まとめ**

> あまりの小数点は，わられる数の小数点にそろえてうつ。

**4** 〈練習〉 商は整数であまりも求める。

① $41.8 \div 2$

```
   2 0
2)4 1.8
  4 0
    1.8
```

20 あまり 1.8

$2 \times 20 + 1.8 = 41.8$

② $27.3 \div 3$

```
     9
3)2 7.3
  2 7
    0.3
```

9 あまり 0.3

$3 \times 9 + 0.3 = 27.3$

③ $91.5 \div 34$

```
      2
34)9 1.5
   6 8
   2 3.5
```

2 あまり 23.5

$34 \times 2 + 23.5 = 91.5$

④ $84.9 \div 42$

```
      2
42)8 4.9
   8 4
   0.9
```

2 あまり 0.9

$42 \times 2 + 0.9 = 84.9$

---

**3** あまりの大きさを考えよう

T　答えは「4人に分けられて 4dL あまる」でいいですか？

C　4dL あまるのならまだ分けられるよね。

T　実際に 2dL ずつ分けてみましょう。

　8.4dL のジュースを 2dL ずつコップに分けていき，あまった量を確かめる。

C　2dL ずつが 4 個で 8dL だから，残りは 0.4dL だね。

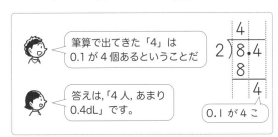

> 筆算で出てきた「4」は 0.1 が 4 個あるということだ

> 答えは，「4 人，あまり 0.4dL」です。

> 0.1 が 4 こ

T　確かめ算をしてみましょう。

C　$2 \times 4 + 0.4 = 8.4$　あまりは 0.4 でいいね。

　学習のまとめをする。

**4** 計算練習をしよう

T　商を一の位まで求め（商は整数で），あまりも求めましょう。また，答えのたしかめもしましょう。

| ① $41.8 \div 2$ | わる数 1 位数 |
| --- | --- |
| ② $27.3 \div 3$ | あまりが真小数 |
| ③ $91.5 \div 34$ | わる数 2 位数 |
| ④ $84.9 \div 42$ | わる数 2 位数　あまりが真小数 |

ふりかえりシートが活用できる。

# 直方体と立方体

◎ 学習にあたって ◎

**＜この単元で大切にしたいこと＞**

　　本単元では観点を決めて，実際に立体を手にとって観察したり，作ったり，分解したりする活動をできる
だけ多く取り入れるようにします。例えば，直方体や立方体の展開図を考えたり，展開図から直方体や立方
体を組み立てる念頭操作が必要となる場面もありますが，実際に立体を見たり組み立てたりする活動も取り
入れて，念頭操作と具体的操作を一致させながら学習することが何より大切です。そのためにも具体的に立
体を作る活動では，目的を明確にして進められるようにするとともに，失敗しても試行錯誤ができる学習環
境であることが大切です。

**＜数学的見方考え方と操作活動＞**

　　本単元は，具体的な立体の観察から始まります。観点を決めて観察し，分類したり，辺や面，頂点といっ
た構成要素を確かめたり，辺や面の関係を調べて考察をします。具体的な観察から用語や記号で表してまとめ，
まとめたことの理解を確かにするために，再度具体的な立体に戻って観察をします。具体的な立体と得られ
たこととを行き来することで，考えを深めることができます。

**＜個別最適な学び・協働的な学びのために＞**

　　図形教材では，直観的に答えがひらめく子がいる一方で，図形的な感覚が十分でなく時間がかかる子もい
ます。どの子どもたちも自分なりの考えをもって解決していけるように，考えをノートにまとめる時間を意
識してとるようにします。そして，具体的に直方体や立方体の操作により，確かめられるようにもします。
それを基にして，ペアやグループでの話し合いをし，確かな理解へとつなげます。

◎ 評　価 ◎

| 知識および技能 | 直方体や立方体の特徴や性質，辺と平面の垂直や平行の関係を理解して，直方体や立方体の見取図や展開図をかくことができる。平面上や空間にあるものの位置の表し方を理解し，位置を表したり読み取ったりできる。 |
|---|---|
| 思考力，判断力，表現力等 | 立体図形の構成要素に着目して，直方体と立方体の特徴や性質を考え，表現することができる。また，直方体に関連づけて，辺や平面の垂直や平行の関係や，ものの位置の表し方を捉えることができる。 |
| 主体的に学習に取り組む態度 | 直方体，立方体の性質を，既習の図形の性質を基に調べようとする。また，その特徴が生活に多く生かされていることに気づき，身のまわりにあるそれらの形をしたものについて関心をもち調べようとする。 |

| 時 | 題 | 目 標 |
|---|---|---|
| 1 | 箱の形の仲間分け | 箱の形に関心をもち，面の形をもとに仲間分けをすることで，直方体や立方体を類別し，その定義を理解する。 |
| 2 | 直方体と立方体の面・辺・頂点 | 立体の構成要素（面・辺・頂点）に着目して，直方体や立方体の特徴や性質を理解する。 |
| 3 | 見取図 | 直方体や立方体の見取図をかくことができる。 |
| 4 | 直方体の展開図 | 直方体の展開図をかくことができる。展開図を見て，組み立てたときの面や辺，頂点のつながり方がわかる。 |
| 5 | 立方体の展開図 | 立方体の展開図をいろいろかくことができる。展開図を見て，組み立てたときの面の関係をつかむことができる。 |
| 6 | 面と面，辺と辺の関係 | 直方体（立方体）の面と面，辺と辺の関係を理解する。 |
| 7 | 面と辺の関係 | 直方体（立方体）の面と辺の垂直や平行の関係を理解する。 |
| 8 | 平面の位置 | 平面上にあるものの位置が2つの数で表されることを理解し，読み取ったり表したりできる。 |
| 9 | 空間の位置 | 空間にあるものの位置が3つの数で表されることを理解し，読み取ったり表したりできる。 |

# 箱の形の仲間分け

板書例

## 箱のなかま分けをしよう

**1** ＜面の形でなかま分けをしよう＞

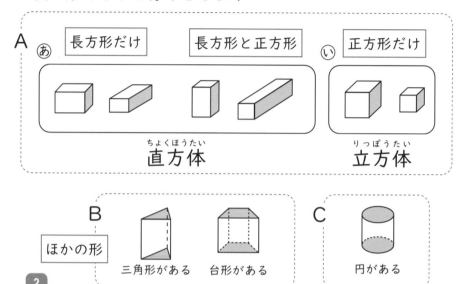

A　 あ　| 長方形だけ |　| 長方形と正方形 |　い　| 正方形だけ |

直方体（ちょくほうたい）　　　立方体（りっぽうたい）

B　| ほかの形 |　三角形がある　台形がある　　C　円がある

**2**

POINT　様々な箱があると学習が盛り上がると同時に，身のまわりにある形に目を向けて興味をもつきっかけにもなります。

## 1 いろいろな種類の箱を，面の形で3つのグループに仲間分けしよう

家にある箱を持ってくるよう伝えて集めておく。

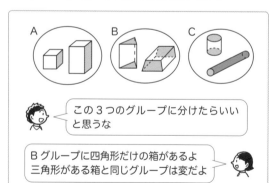

> この3つのグループに分けたらいいと思うな

> Bグループに四角形だけの箱があるよ　三角形がある箱と同じグループは変だよ

　意図した分け方になるとは限らない。はじめから「長方形だけ（正方形を含む）」，「長方形以外の四角形や三角形」，「円」と観点を指定するのではなく，子どもたちが立体図形をどのようにとらえているのかを知るいい機会と捉えて，活動の時間をとりたい。

## 2 Aグループをさらにくわしく種類分けしてみよう

> 分けるポイントは正方形と長方形だと思うよ

> 長方形も正方形もある箱はどっちだろう？

T　正方形だけで囲まれた形を立方体といい，長方形だけで囲まれた形や，長方形と正方形で囲まれた形を直方体といいます。

C　迷っていた箱は直方体であの仲間の方だね。

　学習のまとめをする。

　まだ見取図がかけない子がいるので，直方体と立方体の図をかいたシートを配る。ノートに貼り，図の下に直方体と立方体の名前を書かせる。「ちょうほうたい」と読み間違いをしている子がいると思うので，読み仮名もあわせて書くようにさせたい。

**3** まとめ

直方体……長方形のみ，または
　　　　長方形と正方形で
　　　　かこまれた形

立方体……正方形だけで
　　　　かこまれた形

**4**

⑦ 辺（へん）
⑦ 頂点（ちょうてん）
⑦ 面

平（たい）らな面 … 平面（へいめん）

---

## 3 直方体でも立方体でもない立体について考えよう

長方形でも正方形でもない面がある箱があるね

B グループには三角形や台形があるよ

C グループには，円の形があるし，丸みのある面もあります

　5年生では，Bを三角柱，四角柱として，直方体や立方体と同じ角柱という仲間の立体として学習する。Cも円柱という立体として学習する。

## 4 立体の部分の名前を確かめておこう

T　⑦，⑦，⑦の部分の名前を復習しておきます。

⑦は「辺」
⑦は「頂点」
⑦は「面」です

⑦ 辺
⑦ 頂点
⑦ 面

立方体の面は正方形だけど，直方体の面は長方形だけか，1組が正方形だね

T　直方体や立方体と，Cの立体の面を比べてみましょう。
C　直方体と立方体の面は平らだけど，C（円柱）の横の面は曲がっています。
T　直方体と立方体の面のように平らな面を平面といいます。

　ふりかえりシートが活用できる。

# 直方体と立方体の面・辺・頂点

板書例

## 直方体と立方体の面・辺・頂点を調べよう

調べる
ポイント

① 全部の面の数，同じ大きさの面が何面ずつか
② 面の形
③ 全部の辺の数，同じ長さの辺が何本ずつか
④ 頂点の数

直方体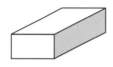

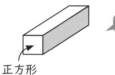

正方形

⑦

| 面 | 辺 | 頂点 |
|---|---|---|
| ・同じ大きさの面が<br>２面ずつ３組<br>（長方形）<br>・全部で６面 | ・同じ長さの辺が<br>４本ずつ３組<br>・全部で12本 | 全部<br>で<br>8こ |

⑦

| 面 | 辺 | 頂点 |
|---|---|---|
| ・同じ大きさの面が<br>４面で１組<br>（長方形）と，<br>・２面が１組（正方形）<br>全部で６面 | ・同じ長さの辺が<br>８本で１組<br>と<br>・４本で１組<br>全部で12本 | 全部<br>で<br>8こ |

POINT　調べるときも，話し合って確かめるときも，絵図だけでなく実際の直方体や立方体を手にとれるようにすれば，どの子でも

## 1 直方体の面，辺，頂点について調べよう

T　次のことを調べてノートに記録しましょう。
　① 全部の面の数はいくつですか。また，同じ大き
　　さの面は何面ずつありますか。
　② 面はどんな形ですか。
　③ 全部の辺の数は何本ですか。
　　また，同じ長さの辺は何本ずつありますか。
　④ 頂点は全部で何個ありますか。

同じ長方形の面が２面ずつあって，
全部で６面ある

辺の数は全部で12本ある。
同じ長さが４本ずつだ

　できれば，１人１個ずつ箱を持って学習したい。同じ大き
さの面や同じ長さの辺に，マジックで色分けして印をつけて
おくと，間違わずに調べることができ，発表でも伝えやすく
なる。

## 2 直方体の面，辺，頂点について調べた結果を発表しよう

T　自分が調べた結果を発表しましょう。
C　私の調べた結果はこうなりました。

（板書⑦の結果）

T　結果が違った人，発表してください。
C　面，辺，頂点の数は同じだけど，同じ大きさ
　の面や同じ長さの辺の数が違いました。

（板書⑦の結果）

T　どうして違う結果になったのでしょうか。

Ａさんの直方体は，
面が全て長方形だけど，
Ｂさんの直方体には，
１組正方形の面があります

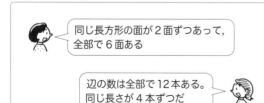

同じ直方体でも
少し違いがある
んだね

③

立方体

⑦

| 面 | 辺 | 頂点 |
| --- | --- | --- |
| ・すべて同じ大きさで<br>　正方形の面<br><br>・全部で 6 面 | ・すべて<br>　同じ長さ<br><br>・全部で 12 本 | ・全部で<br>　8 こ |

まとめ

|  | 面の数 | 辺の数 | 頂点の数 |
| --- | --- | --- | --- |
| 直方体 | 6 | 12 | 8 |
| 立方体 | 6 | 12 | 8 |

④

＜教室を直方体とみると＞

面は　天井とゆか，前後左右のかべ
　　　6 面

辺　　かどからかどまで
　　　12 本

頂点　かど　　8 こ

きるようになります。

## 3 立方体の面，辺，頂点を直方体と比べてみよう

C　直方体と同じところ，違うところも見つけながら調べましょう。

　　立方体も 1 人 1 箱ずつ箱（または，サイコロ）を持って活動できるとできるとよい。

C　調べた結果はこうなりました。

（板書⑦の結果）

 立方体はどれも同じ結果になった

立方体は面がすべて正方形だから，面の大きさも辺の長さもすべて同じだね

面の数が 6 面，辺の本数が 12 本，頂点の数が 8 個というのは直方体と同じでした

直方体と立方体について表にまとめる。

## 4 教室を直方体の箱として考えてみよう

C　私たちは箱の中にいるんだね。
C　教室は，立方体ではなく直方体だ。
C　教室の面や辺，頂点はどこになるでしょうか。

面は，天井と床，そして左右と前後の壁だね

かどからかどまでを辺と考えられるよ

面は全部で 6 面だよ

教室のかどが頂点で，8 個あるね

　　教室を直方体ととらえ，面や辺，頂点を考えるなどして，いろいろな角度で考えられるようにする。

　　ふりかえりシートが活用できる。

## 見取図をかこう

**1** かき方

① まず正面の長方形をかく。

② 長方形の(左上の)頂点から，ななめに線を引く。

③ 正面の長方形と同じ長方形をかく。

④ 長方形の対応する頂点どうしを直線でつなぐ。

⑤ 見えない線は点線にする。

**2** ＜直方体＞

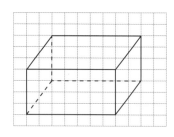

チェックしよう

○ 長さの等しい辺は等しい長さにする。

○ 同じ形で同じ広さの面は，見取図でも同じになっているか。

板書例

POINT　見取図でいちばん難しいところは斜めの線です。対応する頂点を結ぶように直線をひくようにすれば簡単にできます。

## **1** 直方体を見えたようにかいてみよう

T　直方体の箱を絵にかいてみます。箱を動かさずに見たら，いくつの面が見えますか。

C　3つの面が見えます。

T　3つの面が見えるようにかいてみましょう。

> こんなふうに正面の長方形と横の面はまっすぐに横につながっている

> そう，まっすぐにつながっているのをかいたら，こんな変な形になった。直方体に見えないよ

黒板に直方体の見取図をかいて見せます。

C　長方形につながっている面が斜めになっている。

T　立体のものを平面にかくにはどうしても無理があるので，どこかで調整をしていきます。

## **2** 方眼を使って直方体を真似してかいてみよう

① 正面の長方形をかく。

② 長方形の左上の頂点から，斜めに線を引く。

③ 正面の長方形と同じ長方形をかく。

④ 長方形の対応する頂点同士を直線でつなぐ。

⑤ 見えない線は点線にする。

○ 同じ長さの辺の辺は，図でも同じ長さになっているか。

○ 対応する面は同じ形になっているか。

①と②

③

④と⑤

　②で斜めの線を引く。④では，対応する頂点を直線で結べば，ほぼでき上がる。

**3**

### ＜立方体＞

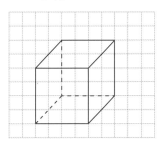

### まとめ

> 見取図…直方体や立方体の全体の形がわかるようにかいた図

**4**

### ＜練習をしよう＞

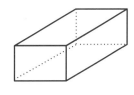

縦に長い直方体

高さのある直方体

斜線が左向きになる立方体

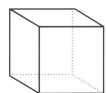

---

## 3 立方体をかいてみよう

T 直方体と同じように立方体をかいてみましょう。

> 立方体のつもりでかいたんだけど，細長く見えるよ
>
> どこも同じ長さにしたのに変だよね。

T 立方体の辺の長さはすべて等しいけれど，図にするときは，立方体に見えるように奥行きを少し短くかきます。

C 本当だ，立方体に見えるようになりました。

T このように直方体や立方体などの全体の形がわかるようにかいた図を見取図といいます。

学習のまとめをする。

## 4 見取図をかく練習をしよう

T いろいろな直方体と立方体の見取図をかいてみましょう。

手順に沿って見取図をかいていく。はじめは斜めの線の加減がなかなか難しいが，かいていくうちに段々と感覚をつかんでくる。同じ長さの辺は同じ長さになっているか，同じ形で同じ大きさの面は同じ形と大きさになっているかを確認する。

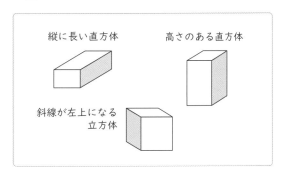

縦に長い直方体　　　高さのある直方体

斜線が左上になる立方体

ふりかえりシートが活用できる。

板書例

## 直方体をつくろう

1 ＜箱を切り開く＞

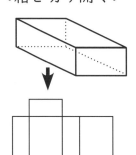

2 見取図 → 展開図（てんかいず）

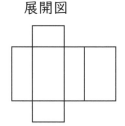

5cm　3cm　2cm

> 展開図（てんかいず）…直方体や立方体などを辺にそって切り開いて，平面の上に広げた図

A　B　C　D

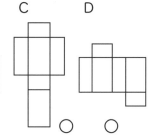

×　×　○　○

POINT　図形的感覚は試行錯誤することで培われます。失敗してもやり直しができるように支援しましょう。やり直しができるよう

---

**1** 直方体を辺に沿って切り開いて1枚の平面にするとどんな形になるでしょうか

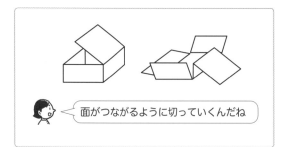

> 面がつながるように切っていくんだね

QRコードから画像を提示することもできる。

T　このように直方体や立方体などを辺にそって切り開いて，平面の上に広げた図を展開図といいます。

C　展開図があれば組み立てて立体にすることができるね。

T　では，右のような直方体になる展開図をかいてみましょう。

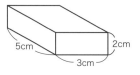

5cm　3cm　2cm

---

**2** 工作用紙に展開図をかいて組み立ててみよう

展開図をかいていると，間違って失敗することもあるが，無駄なことではない。失敗したことから学び，やり直すことで図形的感覚が培われる。

T　展開図がかけたら，グループで同じ図ができているか確かめてから，ハサミで切り取り組み立ててみましょう。

　この後の学習に使うので，貼り合わせてしまわないようにする。

T　このような展開図（A〜D）があります。組み立てたら直方体になるのはどれでしょうか。

> Aは面が重なってしまうからできません

> Bは高さが合わないから作れないと思います

準備物
・切り開く直方体の箱　・工作用紙
QR 板書用図
QR ふりかえりシート
QR 画像（直方体を切り開く）

ICT
展開図の例を配信し，子どもが実際に工作用紙などにかいて切って組み立ててみることで，イメージしやすくなる。

**3** 〈向き合う面〉

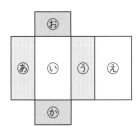

面あと面う
面おと面か
面いと面え

**4** 〈選んだ箱の展開図をかいて作ろう〉

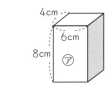

4cm
6cm
8cm
㋐

7cm
7cm
12cm
㋑

〈重なる点や辺〉

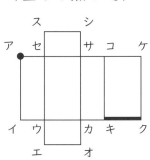

〈重なる点〉
点アー点ケと点ス
点シー点コ

〈重なる辺〉
辺キクー辺オエ
辺ケクー辺アイ

㋒
3.5cm　2cm　15cm

作りたい箱の見取図をかいてから，展開図をかいても良い。

に工作用紙は余分に準備しておきましょう。

**3** 展開図で，面あと向き合う面は，どの面でしょうか

C　面うかな。

T　自分の展開図で確かめてみましょう。

　　右の図とは違う展開図をかいた子もいるだろうから，画用紙に印刷した簡易なものを用意しておく。

おあいうえか

T　点アと重なる点はどこですか。また，辺キクと重なる辺は，どこでしょうか。

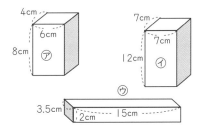

予想をたてから組み立てて確かめてみましょう

点アと重なるのは，1つは点スだけど…

辺キクと同じ長さの辺の辺オエが重なるかな

**4** 箱を選んで，展開図をかいてみよう

T　㋐〜㋒の箱で作りたいものを選びましょう。そして，その展開図をかいて組み立てましょう。

4cm
6cm
8cm
㋐

7cm
7cm
12cm
㋑

㋒
3.5cm　2cm　15cm

　　自分が作りたい箱の見取図を考えるところから始めたいという子どもには，それに挑戦させたい。

　　ふりかえりシートが活用できる。

# 立方体の展開図

板書例

## 立方体の展開図をたくさん見つけよう

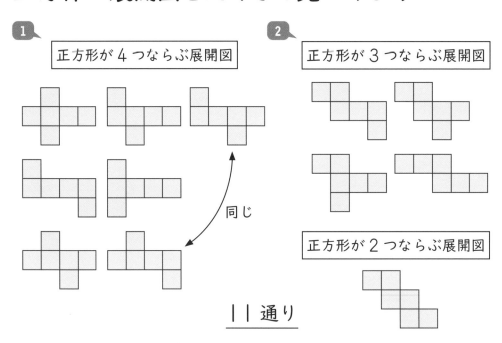

1 正方形が 4 つならぶ展開図

同じ

|| 通り

2 正方形が 3 つならぶ展開図

正方形が 2 つならぶ展開図

POINT 予想をたてた上で，作って確かめてみます。手を使ってやってみることで図形感覚を養うことができます。

## 1 立方体の展開図をかいてみよう

T　1 辺が 2cm の立方体の展開図をかきましょう。

子どもたちに工作用紙を配る。

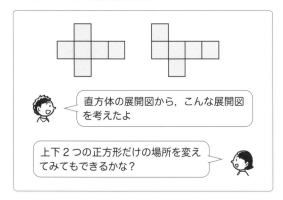

直方体の展開図から，こんな展開図を考えたよ

上下 2 つの正方形だけの場所を変えてみてもできるかな？

C　同じように考えたらまだまだできそうだね。

C　正方形を 4 つ並べて，残りの 2 つをかく場所を変えるだけで 6 通りもできたよ。

## 2 正方形が 3 つ並ぶ展開図を考えよう

T　正方形が 3 つ並ぶ展開図はできるでしょうか。

これはどうだろう。組み立ててみよう

組み立ててみたら，わかることがあるね

C　下の正方形の場所を変えてもできるよ。

T　2 つの正方形が並ぶ展開図が 1 つだけあります。見つけられますか。

立方体の展開図は全部で 11 通り。

**3** 〈サイコロを作ろう〉

向かい合った面の目を合わせると7

**4**

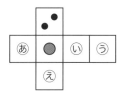

6 は⑤の面
5 は②の面

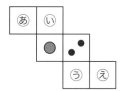

6 は②の面
5 は⑤の面

6 は②の面
5 はあの面

感　想

<br><br><br>

---

## 3 展開図を組み立ててサイコロを作ってみよう

T　サイコロの目にはどんなきまりがあるか知っていますか？

C　向かい合った面の目をたすと 7 になるはずだよ。

T　あ〜えの目はいくつになるか考えましょう。

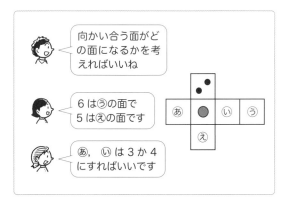

T　向かい合った面の目に気をつけながら，工作用紙に展開図をかいて組み立てましょう。

## 4 正方形が 3 つ並ぶ展開図をかいて組み立てましょう

C　組み立てることをイメージしながら展開図をかいてみよう。

T　予想を立てたら，組み立てて確かめてみましょう。

　時間があれば，正方形が 2 つ並んでいる展開図でサイコロを作る。実際に折り曲げて操作することで，イメージできるようになる。

　学習の感想を書く。

　ふりかえりシートが活用できる。

# 面と面，辺と辺の関係

本時の目標 直方体（立方体）の面と面，辺と辺の関係を理解する。

板書例

## 面と面，辺と辺の関係を調べよう

〈面と面〉

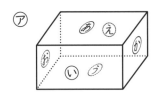

〈辺と辺〉

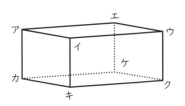

**1** 平行

面⑥と面⑤
面⑥と面⑧
面⑧と面⑩

**2** 垂直

面⑤…面⑧，面⑥
　　　面⑧，面⑩

面⑥…面⑥，面⑧，
　　　面⑩，面⑤

**3** 平行

辺アイ…辺カキ，辺エウ
　　　　辺ケク

辺アカ…辺イキ，辺ウク
　　　　辺エケ

平行な面が３組

垂直な面は
どの面にも４つ

平行な辺は
どの辺にも３本

POINT　調べようとする面と辺だけを取り出して考えられるように，下敷きやストローを使って表しましょう。

---

**1** 直方体の向かい合った面の関係を
調べよう

　前時までに児童が作った直方体や立方体をそれぞれ手に取りながら本時は進めていく。

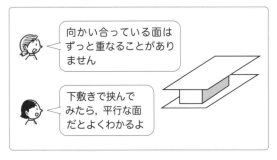

> 向かい合っている面は
> ずっと重なることがあり
> ません

> 下敷きで挟んで
> みたら，平行な面
> だとよくわかるよ

T　直方体や立方体には，平行な面が何組ありますか。
　⑦の直方体で平行な２つの面をすべて見つけましょう。
C　全部で３組あります。
C　⑥と⑤，⑥と⑧，⑧と⑩が平行です。

**2** 直方体のとなり合った面の関係を
調べよう

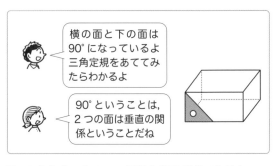

> 横の面と下の面は
> 90°になっているよ
> 三角定規をあててみ
> たらわかるよ

> 90°ということは，
> ２つの面は垂直の関
> 係ということだね

T　となり合った２つの面⑤と⑧は垂直であるといいます。
C　面⑧，面⑥，面⑩も，面⑤に垂直になっています。
C　１つの面に垂直な面は４つあるんだね。
　　面⑥に垂直な面もすべて見つける。
T　どの面もとなり合う４面は垂直な関係になっています。

**4** 　垂直

辺アイ…辺イウ，辺イキ
　　　　辺アエ，辺アカ

辺ウク…辺ウイ，辺ウエ
　　　　辺クキ，辺クケ

どの辺にも垂直な辺は 4 本ずつ

まとめ

> 面と面…
> ・向かい合った面は平行
> ・となりにある面とは垂直
>
> 辺と辺…
> ・平行な辺は 3 本ずつ
> ・垂直な辺は 4 本ずつ

---

## 3　辺アイに平行な辺について調べよう

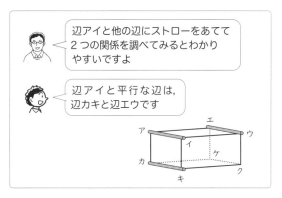

辺アイと他の辺にストローをあてて2つの関係を調べてみるとわかりやすいですよ

辺アイと平行な辺は，辺カキと辺エウです

C　辺ケクも平行です。離れているけど平行です。
C　どの辺にも平行な辺が 3 本あると思います。
T　辺アカについても調べてみましょう。
C　辺イキと辺ウクと辺エケです。
C　どの辺にも平行な辺は，3 本あります。

## 4　辺アイに垂直な辺について調べよう

C　垂直だから 90°に交わっている辺だね。

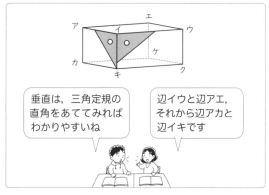

垂直は，三角定規の直角をあててみればわかりやすいね

辺イウと辺アエ，それから辺アカと辺イキです

C　1 つの辺に垂直な辺は 4 本あります。
T　辺ウクに垂直な辺も調べましょう。
C　辺ウイ，辺ウエ，辺クキ，辺クケです。
C　垂直な辺はやっぱり 1 本につき 4 本あります。

　学習のまとめをする。
　ふりかえりシートが活用できる。

第 **7** 時

# 面と辺の関係

本時の目標 | 直方体（立方体）の面と辺の垂直や平行の関係を理解する。

板書例

## 面と辺の関係を調べよう

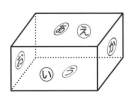 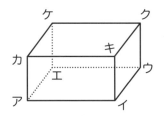

**1** 垂直

面③……辺カア，辺キイ，
　　　辺クウ，辺ケエ
<u>１面につき垂直な辺は４本</u>

辺カキ…面⑰と面⑱
<u>１辺につき垂直な面は２面</u>

**2** 平行

面③……辺カキ，辺ケク，
　　　辺キク．辺カケ
<u>１面につき平行な辺は４本</u>

辺カア…面⑭と面⑰
<u>１辺につき平行な面は２面</u>

POINT この時間も自分で作った直方体や展開図を手元に置いて，いつでも確かめられるようにしながら，平行や垂直の関係を学習

**1** 面③と辺カアはどんな関係になっているでしょうか

T　下敷きと鉛筆を使って調べてみましょう。

　本時も，子どもたちが，直方体や立方体を手に取りながら，関係を調べられるようにする。

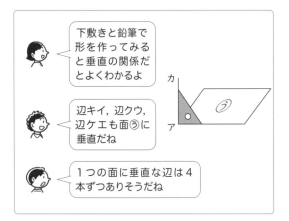

T　辺カキに垂直な面はどこでしょう。
C　面⑱と面⑰です。
C　１つの辺に垂直な面は２面あるんだね。

**2** 面③と辺カキの関係を調べましょう

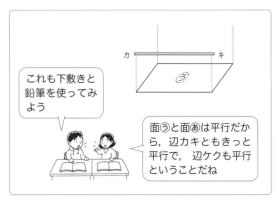

C　面③と面⑧が平行なら，向きは違うけど，辺キクや辺カケも平行ということになるのかな。
T　面③に平行な辺は辺カキ，辺ケク，辺キク，辺カケの４本です。１つの面に平行な辺は４本あります。
T　辺カアに平行な面はどの面になりますか。
C　面⑭と面⑰です。
C　１つの辺に平行な面は２面になるね。

168

| 準備物 | ・直方体の箱<br>・下敷きと鉛筆（ストロー）<br>QR 板書用図<br>QR ふりかえりシート | | ICT | 展開図を配信し，子どもが線を引くなどして考えたことを共有していくと，面と辺の関係の理解に繋げやすくなる。 |

**3** 〈展開図から考えよう〉

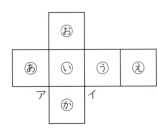

・面あと垂直になる面
　…面い，面お，面か，面え

・辺アイに垂直な面
　……面あ，面う

・辺アイに平行な面
　……面お，面え

**4**

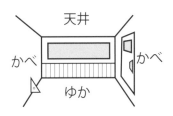

・床と垂直になる面や辺
　面　…前後左右にある面
　辺　…4すみにある柱

・床と平行になる面や辺
　面　…天井
　辺　…天井の四すみの辺

感想

できるようにしましょう。

---

**3** 面あと垂直になる面を展開図から考えましょう

C　面と面が垂直になるのは，となりの面だった。

C　確か1つの面に垂直な面は4つあったね。面い，面え，面お，面かかな。（立方体で確かめる。）

T　辺アイに垂直な面と，平行な面はどれでしょう。

1つの辺に垂直な面は2面で，辺と垂直にくっついている 面あと面うです

1つの辺に平行な面も2面で，辺と離れている面えと面おです

まずは各自で予想してから，立方体を組み立てて確かめるようにする。

**4** 教室を大きな箱とみて，床の面に垂直な面や辺を考えましょう

四隅にある柱が床の面に垂直な辺だね。

黒板の面と後ろの面それから窓側と廊下側の面が垂直な面になります。

T　床の面に平行な面や辺はどこですか。

C　天井が平行な面になります。

C　天井にある4辺が平行な辺になります。

学習の感想を書く。
ふりかえりシートが活用できる。

板書例

# 平面の位置を数字で表そう

**1** 〈数字をつくる〉

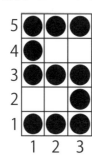

9にする…（横3，たて4）
8にする…（横1，たて2）
8から（横2，たて3）をとる　0
8から（横1，たて4）
　　　（横1，たて2））をとる　3

**2** 〈くだものの位置〉

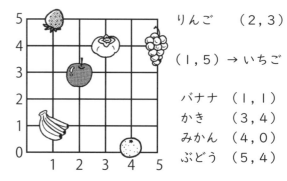

りんご　　（2，3）

（1，5）→いちご

バナナ　（1，1）
かき　　（3，4）
みかん　（4，0）
ぶどう　（5，4）

まとめ

平面にあるものの位置は，
たてと横の2つの数の組み合わせで
表すことができる。

POINT　クイズを解くように楽しみながら，位置の表し方に慣れていくようにしましょう。

**1** 黒石を1個置いて「9」の字をつくろう

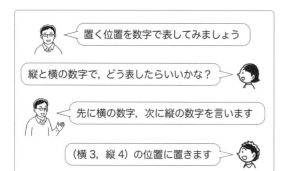

置く位置を数字で表してみましょう

縦と横の数字で，どう表したらいいかな？

先に横の数字，次に縦の数字を言います

（横3，縦4）の位置に置きます

T　9になりましたね。さらにもう1個置いたら8になります。どこに置けばいいですか。
C　（横1，縦2）にも置けば8になります。

　8から（横2，縦3）の石をとった数は？
　8から（横1，縦4）（横1，縦2）の石をとった数なども
問題に出して，横→縦の順番で表すことに慣れるようにする。

**2** りんごがある位置を縦と横の数字で表してみよう

今度は線の上に数字があるよ

りんごは，（横2，縦3）にあります

T　（横1，縦5）にある果物は何ですか。
C　いちごです。
T　ほかの果物の位置も，それぞれ数字で表してみましょう。

　学習のまとめをする。

　位置の表し方は，最初は1年生でロッカーの位置を表すような将棋盤型から，縦横の線の交差点で表す碁盤型へと発展していく。

**3** 〈暗号をとこう〉

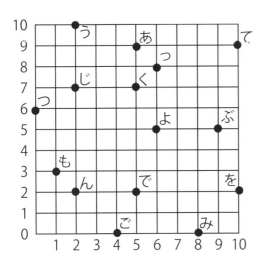

(2, 7)
(9, 5)
(2, 2)
(5, 2)
(1, 3)
(5, 9)
(2, 2)
(4, 0)
(2, 10)
(9, 5)
(2, 2)
(10, 2)
(0, 6)
(5, 7)
(6, 8)
(10, 9)
(8, 0)
(6, 5)
(2, 10)

**4** 自分でも暗号文を
つくってみよう。

できたら，友だちに
といてもらう。

---

## 3 位置の表し方を使って，暗号文に挑戦しよう

 位置の表し方を使って暗号文を解いてみましょう。順番に次の位置にある文字を読んでいきましょう

(横2, 縦7) → (9, 5) → (2, 2) → (5, 2) →

(1, 3) → (5, 9) → (2, 2) → (4, 0) →

(2,10) → (9, 5) → (2, 2) → (10,2) →

(0, 6) → (5, 7) → (6, 8) → (10,9) →

(8, 0) → (6, 5) → (2, 10)

C 暗号文を解いて，何と書いてあるのかわかりました。

T できた人同士で，こっそりと答え合わせをしてみましょう。

T 自分でも暗号文を作ってみましょう。

 暗号文を作ってみましょう。そして，友だちと交換して，暗号文を解いてみましょう

QR コードから右のワークシートが活用できる。

子どもが作った問題に間違いがあることもあるが，友だちに読んでもらうことで，教え合って訂正することができる。

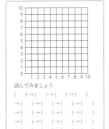

ふりかえりシートが活用できる。

板書例

# 空間にあるものの位置を表そう

**1** 〈ジャングルジムのリボンの位置を表そう〉

（横，たて，高さ）の順で表す

赤色のリボン　（横３，たて２，高さ４）

**2** 〈ドローンの位置を表そう〉

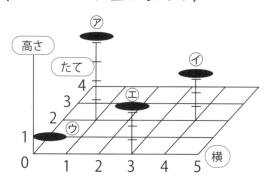

㋐（横１，たて２，高さ４）

㋑（横４，たて２，高さ３）

㋒（横０，たて１，高さ０）

㋓（横３，たて０，高さ３）

POINT　教室から外に出て学習を始めてはどうでしょうか。本時の学習には，校庭にあるジャングルジムを使うのが最適です。

## 1 ジャングルジムに結んである赤いリボンの位置を数字で表してみましょう

　教室から外に出て授業を始める。
　学習前にジャングルジムの柱の交点に何色かのリボンを結んでおく。

C　前の時間に（横，縦）の数字で位置を表したけど，今度はそれだけでは表すことができないね。

> 左端を０として，横に３，縦に２，そしてそこから上に４上がったところにあります

> それなら，３つの数で位置を表せるんじゃないかな

T　横→縦→高さの順に３つの数で表します。
C　赤いリボンの位置は（横３，縦２，高さ４）です。
　黄色や青色など違う色のリボンの位置も表す。

## 2 ドローンの位置を数字で表そう

T　㋐〜㋓のドローンの位置を数字で表してみましょう。
C　横→縦→高さの順に表したらよかったね。
C　㋐のドローンは，（横１，縦２，高さ４）です。
C　㋑のドローンは，（横４，縦２，高さ３）です。

> ㋒のドローンは，横は０で縦は１，高さは…０でいいのかな。（横０，縦１，高さ０）です

> ㋓のドローンは，（横３，縦０，高さ３）です

　横→縦→高さの順の表し方に慣れるようにする。ここでも「０」は，ないことを表すので特別なことのように感じる子どももいる。

**3** 〈直方体の頂点の位置を表そう〉

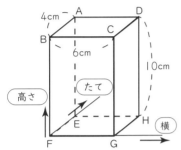

頂点A（横 0cm，たて 4cm，高さ 10cm）
頂点B（横 0cm，たて 0cm，高さ 10cm）
頂点C（横 6cm，たて 0cm，高さ 10cm）
頂点D（横 6cm，たて 4cm，高さ 10cm）
頂点E（横 0cm，たて 4cm，高さ 0cm）
頂点G（横 6cm，たて 0cm，高さ 0cm）
頂点H（横 6cm，たて 4cm，高さ 0cm）

**4** 〈教室にあるものの位置を表そう〉

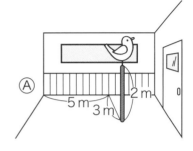

（横 5m，たて 3m，高さ 2m）

まとめ

> 空間にある位置は，たてと横と高さの3つの数の組み合わせで表すことができる。

---

**3** 箱の頂点Fをもとにして，直方体の頂点の位置を数字で表そう

T　ここでは長さで表しているので，cmをつけた3つの数で表します。

> 頂点Aは，
> （横 0cm，縦 4cm，高さ 10cm）です

> 頂点Bは，
> （横 0cm，縦 0cm，高さ 10cm）です

> 頂点Cは，
> （横 6cm，縦 0cm，高さ 10cm）です

（横 0cm，縦 4cm，高さ 10cm）を（0cm，4cm，10cm）と，横，縦，高さを省略して表すこともある。

箱の頂点の位置は，全て外側に見える点のため，横，縦，高さのいずれかを0で表すことが多くなります。

学習のまとめをする。

**4** 教室にあるものの位置を数字で表してみよう

T　教室の中のこの鳥の位置を表してみましょう。

教室の実際の長さをその時に測るのは大変なので，あらかじめ目安になる長さ（m）を調べておく。そして，1mと2mの棒の上に鳥などの置物をつけて，その位置を表すようにする。

> あの教室の隅っこⒶをもとにすると，棒の上にとまっている鳥は，横に5m，縦に3m，高さ2mの位置にいます

実際のジャングルジムから始まって，最後に実際の教室の空間にあるものの位置を表して終わる。

ふりかえりシートが活用できる。

## 直方体と立方体　第 7 時

名前

① 次の直方体で、面と辺の垂直や平行について調べましょう。

① 面ウケクエに垂直な辺を 4 つかきましょう。
[　] [　] [　] [　]

② 面ウケキイに平行な辺を 4 つかきましょう。
[　] [　] [　] [　]

② 次の立方体について調べましょう。

① 面アイウエに垂直な辺を 4 つかきましょう。
[　] [　] [　] [　]

② 面エケクウに平行な辺を 4 つかきましょう。
[　] [　] [　] [　]

---

**ふりかえりシート**

## 直方体と立方体　第 2 時

名前

① 次の　□　にあてはまることばを書きましょう。

(1) 正方形だけでかこまれている形を □ といいます。

(2) 長方形だけでかこまれている形や、長方形と □ でかこまれた形を □ といいます。

(3) 立方体・直方体の面のように、平らな面を □ といいます。

② 上の㋐、㋑の直方体・立方体について、下の（　）にことばを、□ に数を書きましょう。

| | | 立 方 体 | 直 方 体 |
|---|---|---|---|
| 辺 | 長さ | （　） | 4 本ずつ等しい |
| | 数 | □本 | □本 |
| 面 | 形 | （　） | 正方形や長方形 |
| | 数 | □こ | □こ |
| 頂点 | 数 | □こ | □こ |

174

【企画・編集】

　原田 善造　　わかる喜び学ぶ楽しさを創造する教育研究所　著作研究責任者
　新川 雄也　　元愛媛県公立小学校教諭

【ICT 欄執筆】

　安野 雄一　　関西大学初等部教諭　　　　　　　　　　　※ 2024 年 3 月現在

旧版『喜楽研の DVD つき授業シリーズ 新版 全授業の板書例と展開がわかる
　　　DVD からすぐ使える　映像で見せられる　まるごと授業算数 4 年』（2020 年刊）

【監修者・著者】

　石原 清貴　板垣 賢二　市川 良　新川 雄也　原田 善造　福田 純一　和気 政司

【授業動画】　　　　　　　　　　　　　【撮影協力】

　石原 清貴　板垣 賢二　　　　　　　　　井本 彰

【発行にあたりご指導・ご助言を頂いた先生】

　大谷 陽子

※ QR コードは，株式会社デンソーウェーブの登録商標です。

( 喜楽研の QR コードつき授業シリーズ )

改訂新版　板書と授業展開がよくわかる

# まるごと授業　算数　4 年（下）

2024 年 4 月 2 日　　第 1 刷発行

企画・編集：原田 善造　新川 雄也（他 5 名）
編　　　集：わかる喜び学ぶ楽しさを創造する教育研究所　編集部

発　行　者：岸本 なおこ
発　行　所：喜楽研（わかる喜び学ぶ楽しさを創造する教育研究所：略称）
　　　　　　〒 604-0854　京都府京都市中京区二条通東洞院西入仁王門町 26 - 1
　　　　　　TEL 075-213-7701　FAX 075-213-7706
　　　　　　HP　https://www.kirakuken.co.jp
印　　　刷：株式会社イチダ写真製版

ISBN：978-4-86277-474-3　　　　　　　　　　　　　　　Printed in Japan